AF590877

HISTOIRE ABRÉGÉE

DE LA

GUERRE RUSSO-JAPONAISE

(Opérations sur terre et sur mer)

LE COMBAT D'INFANTERIE

d'après les Enseignement de la Guerre

8M
14-02

DU MÊME AUTEUR

TRAITÉ ÉLÉMENTAIRE DE TOPOGRAPHIE (Lecture de la carte et croquis sommaires).

1re édition, épuisée.

EN PRÉPARATION :

2e édition, 1909, entièrement refondue, augmentée de six nouveaux croquis et de l'emploi de la boussole Rossignol.

C. ESCALLE

Lieutenant au 4e Régiment d'Infanterie

HISTOIRE ABRÉGÉE

DE LA

Guerre Russo-Japonaise

(OPÉRATIONS SUR TERRE ET SUR MER)

LE COMBAT D'INFANTERIE

d'après les Enseignements de la Guerre

Illustrations de F. PLAGNOL et A. AMBLARD

AUXERRE

IMPRIMERIE ALBERT LANIER

43, RUE DE PARIS, 43

Juin 1908

Droits de reproduction strictement réservés

A Monsieur MILLARDET,

Conseiller de Collège,
Professeur à l'Ecole d'Artillerie Michel et au Corps des Pages de S. M. l'Empereur de Russie.

Dans vos leçons d'illustres élèves ont appris à aimer la France.

Dans mon modeste récit les Français liront les épreuves de la Grande Russie : ils l'aimeront encore mieux.

C. E.

PRÉFACE

Quoique l'étude de la guerre russo-japonaise soit une tâche très ardue pour un jeune lieutenant, le but qui nous l'a dictée excusera notre témérité.

De nombreuses conversations dans diverses régions et divers milieux nous ont prouvé que les leçons de cette campagne avaient été comme toujours vite oubliées. Car les peuples aiment la paix; ils se laissent volontiers convaincre qu'elle sera éternelle.

Nous avons donc jugé utile de rappeler aux Français les cruelles épreuves subies par leurs alliés au moment même où le bien-être, universellement répandu, crée des désirs égoïstes de paix, sans que pour cela les nuages disparaissent à l'horizon.

Du reste, quoiqu'il ne soit pas encore possible de connaître cette campagne dans tous ses détails, elle nous paraît fertile en enseignements.

Certes, elle n'a rien changé aux maximes générales de la guerre, mais son étude peut nous rappeler bien des préceptes utiles qu'on néglige en temps de paix. Surtout elle dissipera nos doutes sur la valeur de notre armement et de nos méthodes. Elle fortifiera donc notre confiance.

C. E. et N. F.

Nota. — Si nous émettons certaines critiques, elles ne s'adressent pas personnellement aux hommes, souvent héroïques, mais plutôt aux idées qui avaient cours dans l'armée russe. L'analogie entre la situation de cette armée en Mandchourie et la nôtre pendant l'année terrible nous impose, plus qu'à toute autre nation, l'indulgence et le respect.

Des fautes de cette guerre nous devons tirer non une critique impitoyable pour le vaincu, mais des enseignements pour nous-mêmes.

PRINCIPAUX OUVRAGES CONSULTÉS

POUR LE FOND DE CETTE ÉTUDE

J. Dhasp. Le Japon contemporain.
Lieutenant-Colonel Meunier. La Guerre Russo-Japonaise.
Lieutenant-Colonel Bardonnaut. Du Yalou à Liaoyang.
Réginald Kann. Journal d'un Csrrespondant de guerre en Extrême-Orient.
Clément de Grandprey. Le siège de Port-Arthur.
Daveluy. La Lutte pour l'Empire de la Mer.
Descourtis. De Port-Arthur à Tsoushima.
Revue Militaire Générale.
Conférence sur la Guerre Russo-Japonaise (Lavauzelle).
Revue Militaire des Armées étrangères.
Revue d'Infanterie.
Spectateur Militaire.

Nota. — Voir, à l'annexe II, les indications bibliographiques complémentaires donnant la liste des ouvrages les plus intéressants à lire.

CONSIDÉRATIONS PRÉLIMINAIRES

CHAPITRE PREMIER

CAUSES DE LA GUERRE

Malgré le retard de la réponse russe à la note japonaise du 13 janvier 1904 relative à la Corée, la brusque ouverture des hostilités, le 8 février, causa une vive surprise dans le monde.

Le prétexte apparent du conflit était trop futile pour provoquer à lui seul pareille irritabilité de la part du Japon et justifier la double attaque traîtresse de *Chemulpo* et de *Port-Arthur*, faite au mépris du droit des gens, sans déclaration de guerre (1).

(1) Bien que le Baron Kurino ait quitté Saint-Pétersbourg le 7 février, la guerre n'était pas déclarée lorsque le Japon fit attaquer la canonnière Korietz et le Variag à Chemulpo, le reste de la flotte russe à Port Arthur.

Les véritables causes du conflit avaient une origine plus profonde et plus lointaine.

CAUSES LOINTAINES

Politique russe en Extrême-Orient
à la fin du XIXe siècle

A la fin du XIXe siècle la Russie, désespérant de résoudre à son profit la question d'Orient (1), avait dirigé tous ses efforts du côté de l'océan Pacifique.

Elle ne possédait en Europe aucun port utilisable. Quant à Vladivostock, il était bloqué par les glaces quatre mois par an. Il fallait vite profiter de l'occasion offerte par la guerre sino-japonaise.

En 1895, l'intervention de la Russie, de l'Allemagne et de la France en faveur de la Chine, imposait au Japon un traité qui lui faisait perdre tout le fruit de ses victoires, et c'était la Russie, protectrice intéressée de la Chine, qui en recueillait tout le profit (2).

Elle obtenait de tracer en territoire chinois le dernier tronçon du Transsibérien pour raccourcir

(1) A la suite du démembrement de l'Empire Ottoman, la Russie avait convoité Constantinople, clef de la mer Noire, dont le traité de Paris interdisait l'entrée ou la sortie aux navires de guerre.

(2) Nous avons laissé de côté un certain nombre d'événements antérieurs. Pour leur étude, nous renverrons le lecteur à la Revue militaire des A. Etr. (Octobre 1907, p. 306). La Revue des Deux-Mondes les mentionne également (document 2).

la distance du lac Baïkal à Vladivostock (1). Elle faisait restituer Port-Arthur à la Chine, mais avait l'habileté de se le faire céder à bail en 1898.

Depuis cette époque, la forteresse chinoise, bien perfectionnée et occupée par une brigade mixte, promettait de devenir un solide point d'appui pour la flotte russe en Extrême-Orient.

Faire subir aux japonais un pareil affront, c'était sans aucun doute faire naitre en eux une haine implacable.

Aussi, les événements qui ont amené la rupture des négociations aux premiers jours de février 1904 (2), ne doivent-ils être considérés que comme un prétexte choisi par le Gouvernement japonais pour amener une guerre vengeresse où il espérait reconquérir, les armes à la main, ce que la pression outrageante de la Russie lui avait fait abandonner.

Causes immédiates de la Guerre

Naturellement, ce ne sont pas ces griefs que le Japon devait faire valoir dans l'échange de notes diplomatiques qui dura de juillet 1903 à février 1904.

Il est jaloux de voir grandir l'importance commerciale de Dalny à côté du point d'appui de Port-

(1) Le tracé Striétinsk-Vladivostock à travers la Mandchourie, au lieu de suivre la vallée de l'Amour, réalise une économie de 5[illegible]0 kilomètres sur un total de 7.[illegible]00. Voir détails intéressants dans l'Illustration de 1897, p. 54.

(2) Retard de 24 heures apporté à l'envoi de la réponse russe à la note du 13 janvier 1904.

Arthur. C'est l'occasion de déclarer ouvertement qu'il craint un rival pour son propre commerce, surtout en Corée où, depuis la guerre de 1894, il a cherché à se dédommager des compensations territoriales qu'on lui a refusées en échange de Port-Arthur.

En réalité, il convoite la possession effective de la Corée, et peut-être celle de la Mandchourie méridionale, magnifique fenêtre sur le marché commercial du Petchili.

Quant à la Russie, qui a commencé à s'établir solidement en Mandchourie et « croit avoir enfin trouvé dans Port-Arthur sa Constantinople », elle accorde bien au Japon une certaine prépondérance sur la Corée méridionale, mais elle entend avoir pleine liberté d'action en Mandchourie.

Les désirs avoués de la Russie et les prétentions cachées du Japon ne pouvaient donc se concilier. La guerre était inévitable (1).

Aussi le 25 janvier, le Comte Lamsdorf ayant promis pour le 2 février une réponse à la note Japonaise du 13 janvier, un retard de 24 heures dans cet envoi suffit-il à fournir le prétexte souhaité. L'occasion était trop belle pour ne pas tenter le Japon.

(1) Bien des esprits clairvoyants connaissaient la situation. L'article du Col. Martinov, cité p. 49, 1er fascicule de Conférences faites à l'Acad. Nicolas, le prouve surabondamment. De cet article, nous pourrions tirer de salutaires leçons.

La Russie ne s'était préparée que lentement à la lutte. Lui, au contraire, était prêt. Il allait essayer « d'étrangler son adversaire avant qu'il eût mis ses bottes » (De Moltke).

Aussi le Gouvernement japonais rappelait-il M. Kurino, son ambassadeur à Saint-Pétersbourg, le 6 février. Les relations diplomatiques étaient rompues au moment même où, confiant dans la promesse d'une réponse très conciliante de la Russie, le monde croyait voir s'aplanir les difficultés.

Voilà sous quel jour il faut envisager la question pour comprendre le coup de théâtre par lequel a commencé la guerre.

Ouverture des Hostilités

Dans la nuit du 8 au 9 février 1904, la flotte russe était surprise dans la rade de Port-Arthur par les torpilleurs japonais qui endommageaient trois puissantes unités.

Quelques heures après les cuirassés et les croiseurs de l'amiral *Togo* bombardaient Port-Arthur, d'ailleurs sans grand résultat.

Une autre division navale attaquait, dans la matinée du 9, le croiseur russe *Varyag* et la canonnière *Koreïetz*, dans le port neutre de Chemulpo.

Les hostilités commençaient ainsi sans déclaration de guerre préalable.

CHAPITRE II

THÉATRE DES OPÉRATIONS

THÉATRE DES OPÉRATIONS

Aussitôt après les attaques des 8 et 9 février contre les navires russes à Port-Arthur et Chemulpo, commença l'invasion de la Corée par les troupes du général Kuroki débarquées à Chemulpo, Masampo, Fousan et Gensan.

La Corée ne devait cependant pas être le véritable théâtre des opérations sur terre, car le pays ne se prête pas aux grands mouvements des troupes. Il est très accidenté et les chemins y sont rares. Une seule route va de Séoul à Liao-Yang par Wiju et Feng-hoang-Cheng, et quelle route!

Du reste, les Russes ne tenaient pas à venir au-devant des Japonais, loin de leur chemin de fer et de leur point de concentration, Liao-Yang, où ils voulaient établir leur quartier général.

Les Japonais devaient bien le pressentir. Leur excessive prudence leur interdisait aussi d'avancer trop vite. Avant de gagner la vallée du Liao-ho, ils préféraient prendre d'abord pied dans cette presqu'île de Corée, proie si riche en ressources de toutes sortes.

Ils n'en étaient séparés que par un bras de mer de 200 kilomètres de large.

De là, ils s'achemineraient lentement vers le Yalou (1) pour n'en disputer le passage que lorsqu'ils se sentiraient en forces.

Enfin, on doit tenir compte du dégel qui, dans ce pays, détrempe les chemins et rend toute circulation presque impossible avant la fin de mars.

A partir de ce moment le théâtre des opérations sur terre, en Mandchourie, sera d'abord la région montagneuse à l'est du chemin de fer, puis, par suite des progrès continus faits par les Japonais, les belligérants se rapprocheront de cette large et fertile vallée du Liaoho, où les communications sont plus faciles que dans les montagnes de l'Est.

Dans cette plaine, la situation sera très comparable à ce qu'elle serait en Europe. Les ressources en fourrages et en céréales sont assez abondantes; on y trouve de nombreux villages reliés par d'assez

(1) Fleuve frontière entre la Mandchourie russe et la Corée.

bons chemins. Enfin une bonne route suit la voie ferrée de Port-Arthur à Moukden.

Le climat est, il est vrai, un peu différent de celui de nos régions, mais il est sain. En hiver, le sol est complètement gelé pendant trois mois; au printemps, le dégel rend les communications difficiles. En été, des pluies torrentielles défoncent encore le sol, surtout dans les vallées et la plaine. La vraie saison des opérations militaires est donc l'automne.

Enfin, une plante très répandue, analogue à notre maïs, le Sergho ou Gaolian, donne à cette plaine un aspect particulier. Elle atteint en août la hauteur du cavalier et forme ainsi un abri naturel, favorable aux surprises; elle rend pénible la marche en dehors des routes, et donne, à toute opération militaire, un caractère qu'elle n'aurait pas dans nos pays de cultures plus basses.

Caractère maritime et traînant de la lutte provenant de la situation géographique des deux belligérants.

Mais le caractère absolument spécial de cette guerre, au point de vue stratégique, devait provenir de la situation géographique des deux adversaires.

Si rapprochées du théâtre des opérations que soient les îles du Japon, cette situation insulaire de l'un des belligérants allait donner à la lutte un *caractère maritime.*

Malgré l'importance des opérations sur terre, la victoire devait fatalement appartenir au maitre de la mer.

Importance de la maitrise de la mer pour les Japonais

C'est à condition seulement de s'assurer la maitrise de la mer que les Japonais allaient pouvoir opérer rapidement des débarquements importants en Corée, sans être inquiétés par la flotte russe de Port-Arthur ou les croiseurs de Vladivostock.

Si la flotte japonaise avait été sérieusement inquiétée par ses adversaires, les transports de l'armée de terre auraient été singulièrement retardés. Enfin même après les brillants succès de 1904, si elle avait subi un échec à Tsoushima, le ravitaillement des armées japonaises devenant compromis, la guerre aurait été terminée de ce fait, et à l'avantage des Russes.

En conservant, au contraire, la maitrise de la mer, la situation géographique du Japon lui donnait l'avantage aussi longtemps que durerait la guerre, car ses communications plus rapides, grâce à sa flotte de transports considérable, lui permettaient, en un temps donné, de renforcer son armée plus vite que son adversaire.

Situation géographique défavorable des Russes

L'éloignement de la Russie, reliée à la Mandchourie par un chemin de fer *à voie unique* et long de 11.000 kilomètres, véritable « compte-gouttes », allait rendre très lent le renforcement des armées en campagne. D'où *caractère traînant, languissant de la guerre.*

Le chemin de fer Transsibérien permettait à des voyageurs de faire en quinze jours les 11 à 12.000 kilomètres qui séparent *Saint-Pétersbourg* de *Vladivostok.* Mais des troupes voyageant dans des trains moins confortables mettaient, repos et séjours compris, environ un mois pour aller jusqu'à Kharbine.

Evidemment ce chemin de fer était un instrument précieux, surtout pour les approvisionnements de toutes sortes qu'allait consommer l'armée de Mandchourie, pour le transport des vivres, des munitions, du matériel de guerre et des effets d'habillement, qu'on allait faire venir de Russie. Mais le rendement d'une ligne à voie unique est assez faible. De plus, dans un pays comme la Sibérie Orientale ou la Mandchourie, cet unique chemin de fer sur lequel reposait le salut de la Mandchourie russe, n'était-il pas à la merci d'un coup de main de la part des bandits chinois à la solde des Japonais? Le dévouement des populations à la cause russe semblait fort douteux et la garde du chemin de fer devait absorber pendant cette funeste campagne une partie importante des forces russes en Mandchourie.

Quant au tronçon qui contourne le lac Baïkal, il ne devait être achevé qu'en 1905. Jusqu'à la fin de l'hiver, les troupes traversèrent à pied, sur la glace, l'intervalle entre les deux rives, et un chemin à voie étroite fut construit sur la glace pour accélérer le transport du matériel et des approvisionnements. Pendant l'été, la traversée du lac se fit par bateaux ou ferry-boats.

Dans ces conditions, au début de la campagne, la situation des Russes en Mandchourie devait être précaire. Car, en face de l'armée de première ligne des Japonais (190.000 hommes), l'armée russe comptait seulement 56.000 hommes disséminés dans toute la Mandchourie. Elle ne devait être renforcée que lentement, par fractions débarquées à Kharbine, dans un pays où rien n'avait été préparé pour les recevoir.

CHAPITRE III

FORCES EN PRÉSENCE ET PLANS DE CAMPAGNE

FORCES EN PRÉSENCE (1)

Russes

L'ensemble de l'armée *active* seule, d'après les statistiques, comprenait au début de 1904 : 1 million 600.000 hommes instruits, en face de 160.000 Japonais de l'armée active.

Mais nous avons vu quelle distance sépare Moscou de Port-Arthur ou Vladivostock. Il n'aurait pas suffi de pouvoir transporter ces hommes, il eût fallu encore les ravitailler : chose facile quand on a la maîtrise de la mer, plus difficile sur terre avec un seul chemin de fer. (On estime en Europe qu'il faut disposer d'un chemin de fer pour chaque corps d'armée en campagne.)

Il faut donc envisager : non pas l'effectif total de l'armée russe, mais les forces disponibles en Extrême-Orient, pour s'expliquer les progrès immédiats des Japonais.

(1) Pour l'armement : infanterie, artillerie, voir l'Index alphabétique ou, pour plus de détails, *Revue militaire des Armées étrangères* : Russes, octobre 1907, n° 959, p. 305 ; Japonais, septembre 1907, n° 958, p. 193.

Ces forces comportaient deux principaux groupes au début de 1904 : l'un à Vladivostock, l'autre à Liao-Yang, Port-Arthur.

Enfin, une troisième masse se formait à Kharbine. En tout, on pouvait estimer les forces russes à 50 ou 60.000 hommes (dont 3.000 cavaliers et près de 200 canons), répartis dans tout l'Extrême-Orient russe à la fin de janvier 1904.

En un mot l'armée Russe de Mandchourie était presque à constituer de toutes pièces au moment de l'ouverture des hostilités.

Japonais

L'armée japonaise *de première ligne* devait comprendre à la mobilisation :

13 divisions d'infanterie de 14.000 combattants (dont la garde), chacune ;
2 brigades indépendantes de cavalerie (1) ;
2 brigades indépendantes d'artillerie ;
19 bataillons d'artillerie de forteresse ;
1 bataillon de sapeurs de chemins de fer,
et des troupes auxiliaires, formant un total de 190 à 200.000 hommes (2).

(1) En outre 1 division combinée à Formose.

(2) Effectif de paix : 146.000 hommes, d'après Danilov.

En seconde ligne, le Japon pouvait armer :

13 brigades mixtes de 6.000 combattants (1).

En réalité, la loi de 1896, en vigueur à cette époque, donna, par l'appel des réservistes :

Classés sous les drapeaux	132.000	hommes.
Réserve de 1900-1897	152.000	—
Engagés volontaires	3.500	—

Soit un total de: 287.500 *hommes de première ligne* au lieu de 195.000 prévus.

Comparaison

Dans ces conditions, les Japonais allaient avoir dès le début une supériorité numérique écrasante, et pouvoir la conserver longtemps, grâce à l'affaiblissement instantané de la flotte russe qui n'osera pas bouger du port après la surprise du 8 février, et n'inquiètera jamais beaucoup les transports.

Leur armée composée de 190.000 hommes bien armés, bien commandés, animés du plus pur patriotisme, aurait pu facilement écraser les Russes, si le nom d'une grande puissance européenne jusqu'alors

(1) Composées chacune de :
2 régiments à 3 bataillons;
1 escadron de cavalerie ;
3 batteries d'artillerie;
1 compagnie du génie ;
détachement du service de santé;
de vivres ;
de munitions, etc.

redoutée, n'avait provoqué chez eux une hésitation constante qui a toujours ralenti leurs mouvements, même après de brillants succès.

En tout cas, cette supériorité devait leur laisser l'initiative du plan de campagne.

PLANS DE CAMPAGNE

1° *Russes.* — En effet, quel pouvait être le plan de campagne de l'armée Russe ? Au début de la guerre, le général Kouropatkine, commandant l'armée avait le gros de ses forces à Liao-Yang. Un détachement, détachement du général Zassoulitch, devait garder la frontière du Yalou. A Port-Arthur, était le général Stœssel avec 40.000 hommes. Enfin, à Vladivostock, était un faible corps d'occupation.

Une retraite systématique des détachements de couverture, pouvait seule leur permettre d'attendre des renforts. *Il fallait jusque là retarder la marche en avant des Japonais, en sacrifiant le moins possible d'hommes et de munitions*, dont le transport jusqu'en Mandchourie était si long et si pénible. Lorsque le moment serait venu, on prendrait enfin l'offensive, avec toutes les forces jalousement économisées au début.

Ce programme était logique, mais comme nous l'avons vu au début, le sort de l'armée russe exigeait une coopération active de la flotte. C'était se faire illusion que de dire : l'armée réparera les échecs de la flotte. Il fallait s'attaquer à la cause du mal, plutôt que de le laisser s'aggraver en paix et de le combattre ensuite : *rendre impossibles les débarquements* était le moyen radical de terminer la guerre, en empêchant le renforcement de l'armée japonaise (1).

La flotte Russe d'Extrême-Orient comprenait 7 cuirassés ; elle était parfaitement capable d'inquiéter les débarquements japonais.

Mais dans toute cette guerre, les Russes semblent avoir renversé les rôles de l'armée et de la flotte.

Nous reviendrons plus loin sur ce fait dans le siège de Port-Arthur.

2° *Japonais.* — Les Japonais, eux, devaient raisonner plus juste. Ont-ils eu beaucoup de mérite à préparer de sang-froid leur plan, en face d'un adversaire aveuglé par son désir de paix ? La chose peut être diversement appréciée.

Ils avaient préparé depuis longtemps l'invasion de la Mandchourie. La guerre de 1894 leur avait d'ailleurs permis une première reconnaissance du terrain.

D'heureuses circonstances, une attaque préméditée et subite, la faiblesse et la passivité de leurs adversaires allaient leur permettre le développement méthodique d'un plan admirablement conçu.

(1) Le transsibérien ne pouvait pas avoir le même rendement que les transports maritimes des Japonais.

Leur pays est une île. Toute action extérieure devra donc commencer par un transport de troupes sur mer. Comme en face d'eux, ils ont une flotte de force égale à la leur, il faut d'abord chercher à l'affaiblir par un coup d'audace: l'attaque immédiate s'impose pendant que la flotte russe est encore dispersée et sans défiance à Port-Arthur, Chemulpo et Vladivostock.

Il faudra ensuite bloquer, neutraliser ce qui restera, de façon à pouvoir débarquer une armée de campagne, destinée à conquérir effectivement la Corée d'abord, la Mandchourie ensuite.

La proximité des côtes de Corée permet d'agir rapidement. Une fois en Corée, on pourra s'avancer lentement vers Liao-Yang et la plaine de Liaoho.

Mais les Russes ont, dans Port-Arthur, au sud de la presqu'île du Liao-Toung, un point d'appui aussi bien pour leur flotte que pour une garnison dangereuse. Afin de protéger les communications établies au début avec la métropole, il faudra donc au moins masquer Port-Arthur, et même essayer de s'en emparer par une attaque de vive force. L'amour-propre aussi bien que les considérations stratégiques, font du reste de Port-Arthur le premier objectif de leurs efforts.

Port-Arthur et la flotte russe étant bloqués ou anéantis, les armées de campagne pourront avancer vers le nord, sûres d'être renforcées et ravitaillées sans cesse en faisant reculer l'armée ennemie.

On doit reconnaître d'ailleurs que la configuration du terrain (1) était favorable à l'offensive japonaise de même qu'en 1870 elle l'était aux Allemands.

Les efforts des Russes devaient être divergents, ceux des Japonais convergents. Pour résister à un adversaire résolu, les Russes auraient eu besoin de cette surprenante mobilité, de ce coup d'œil et de cette décision dont Napoléon seul était capable, comme il l'a prouvé dans sa remarquable Campagne de France.

Au lieu de cela nous verrons les Russes disséminer leurs forces et résister ainsi partout en même temps, mais sans avoir nulle part la supériorité. Et cependant leur résistance n'en sera pas moins admirable.

Quant aux Japonais, avançant prudemment, ne débarquant de nouvelles troupes qu'à l'abri d'un rideau solidement établi, agissant avec une remarquable entente à tous les degrés de la hiérarchie, ils devaient obtenir des succès facilités, il est vrai, par la passivité de leurs adversaires.

(1) Route de Port-Arthur-Moukden, route de Séoul à Liao-Yang.

Division des Opérations

Pour la clarté de l'exposition, nous diviserons les opérations sur le continent en trois groupes, correspondant chacun à une partie de ce travail. La Guerre Navale en formera une quatrième à elle seule.

Première partie. Campagne de 1904 en Mandchourie. — Invasion de la Corée et opérations sur le Yalou, puis en Mandchourie contre le gros de l'armée Russe (Général Kouropatkine) jusqu'à la bataille du Chaho et à la chute de Port-Arthur (Généraux Kuroki, Oku et Nodzu).

Deuxième partie. — Opérations du Général Nogi contre *Port-Arthur*.

Troisième partie. — Opérations des quatre armées Japonaises réunies en 1905. *Moukden*.

Quatrième partie. — La guerre navale.

NOTA. — Nous laisserons de côté les opérations de la garnison de Vladivostock dans le Nord-Est de la Corée, car jamais les Japonais ne s'en inquiétèrent sérieusement.

CAMPAGNE DE 1904 EN MANDCHOURIE

(CONTRE LE GROS DE L'ARMÉE RUSSE)

La campagne de 1904 se divisera elle-même en plusieurs phases :

1re Phase. — Kuroki débarque en Corée. Il marche sur le Yalou, s'avance ensuite jusqu'à Feng-hoang-Cheng. page 26.

2e Phase. — Débarquement des IIe et IVe armées et le Blocus de Port-Arthur, d'abord sans intervention de Kouropatkine. page 33.

3e Phase. — puis Stackelberg est envoyé au secours de la place assiégée. Echec de Vafangou. page 34.

4e Phase. — Marche des trois armées japonaises sur Liaoyang. (Poursuite du siège de Port-Arthur, par Nogi). page 38.

5e Phase. — Marche sur le Chaho. — (Prise de Port-Arthur). page 59.

CHAPITRE PREMIER

Invasion de la Corée et Passage du Yalou par la Ire armée (Kuroki)

A la fin de février, les éclaireurs Russes avaient franchi le Yalou et s'étaient avancés jusqu'à Tien-Tjiou. Le 28, ils avaient même atteint Pyng-Yang. Mais ils avaient bientôt dû reculer graduellement devant les Japonais, après des escarmouches qui eurent lieu aux portes de Pyng-Yang, d'Andjou et de Tien-Tjiou.

Après avoir débarqué à Chémulpo, Fousan et Gensan, les Japonais s'étaient en effet concentrés à Pyng-Yang (1).

Ils avaient pris ensuite la route mandarine d'Antoung et reporté leur point de débarquement à Chénanpo.

Le 3 avril leurs éclaireurs atteignaient le Yalou. Ils pouvaient ainsi reporter encore plus au Nord leur point de débarquement à partir du 7.

Leurs embarcations allaient même bientôt apparaître dans l'estuaire du Yalou, le long de la rive Coréenne.

(1) La 12e division débarquée dès le début à Chémulpo avait immédiatement occupé Séoul, capitale de la Corée.

Ils employèrent tout le mois d'avril à se concentrer sur la rive gauche du fleuve, surtout au nord de Wiju et dans la ville même, non sans livrer des escarmouches sur le fleuve et dans les îles.

Puis le 26 avril, après de minutieuses reconnaissances et des préparatifs remarquables, commença le mouvement en avant.

Les Russes abandonnèrent sans grande résistance les deux grandes îles voisines de Wiju et les Japonais commencèrent la construction des ponts à proximité de la ville sur le premier bras du Yalou.

BATAILLE DU YALOU

(29-30 avril et 1er mai 1904)

Le général Kuroki, commandant la première armée Japonaise, a fait reconnaître, non seulement le fleuve, mais les montagnes entre le Yalou et son affluent l'Aï-Ho (au Nord-Est de son confluent).

Aussi, dès cette bataille, les Japonais vont-ils faire preuve d'une sûreté de manœuvre remarquable, qu'encouragera encore leur supériorité numérique.

L'opération avait été prévue dans les moindres détails. Elle fut exécutée ponctuellement.

Aucun des moyens d'assurer le succès ne fut

négligé : diversion des canonnières sur le bas Yalou (le 25 et le 26 avril) pour attirer l'attention des Russes de ce côté, dissimulation des troupes derrière tous les abris naturels. Construction des

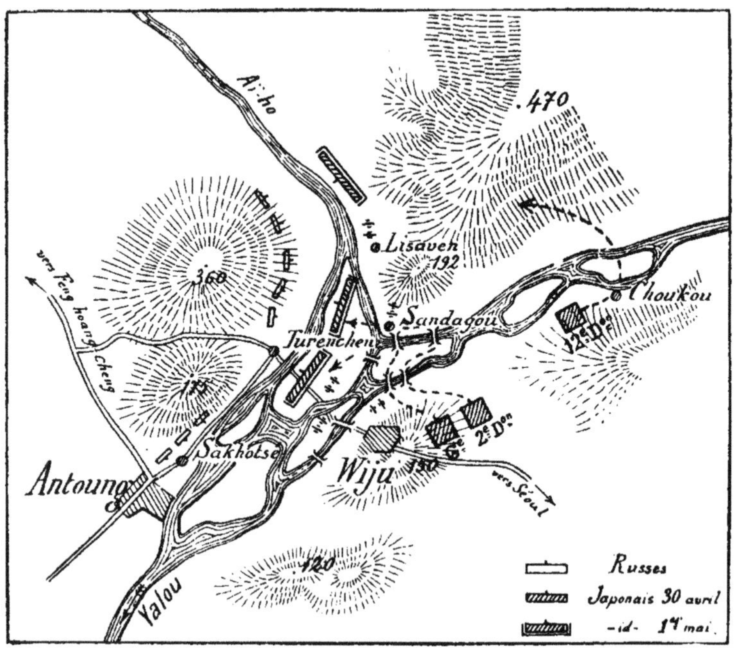

ouvrages *la nuit*, batteries reliées à leurs observatoires par téléphone.

L'exécution fut conforme en tous points aux ordres donnés, tandis que du côté des Russes commença dès cette première bataille cette passivité qui

PASSAGE DU YALOU (par A. Amblard, d'après l'*Illustration*)

devait être la triste base de leur tactique pendant toute la durée de la guerre.

Plan Japonais

La 2e division et la Garde devaient traverser le fleuve à hauteur de Wiju tandis que la *12e division* exécuterait un mouvement tournant par le nord-est en passant le Yalou à hauteur de Choukou.

Exécution

Le 29, l'artillerie s'installait à l'ouest de Wiju. Le 30, au point du jour, le mouvement de la Garde commençait.

De sorte que dans la matinée du 1er, les trois divisions japonaises étaient sur la rive gauche de l'Aïho. (Voir croquis p. 29).

Grâce à l'appui de leur artillerie, elles purent facilement traverser à gué le fleuve peu profond en cet endroit et avoir rapidement raison de la première ligne de défense des Russes, qui se replièrent sur Feng-hoang-cheng à l'abri de leur 2e ligne.

Malgré l'énergique résistance de l'armée adverse, Kuroki était victorieux.

C'était la première édition du combat japonais dont le cliché se reproduira tant de fois au cours de la campagne : *mouvement enveloppant, combiné avec une vigoureuse attaque de front exécutée sous la protection d'une formidable artillerie.* La valeur de cette artillerie et une grande supériorité numérique, qu'ils conserveront jusqu'en octobre, feront presque toujours réussir cette tactique empruntée à leurs instructeurs allemands.

A cette bataille du Yalou, dite encore de *Turentchen* ou de *Kialientsé* les forces russes (1) s'élevaient à 5.300 hommes et seize pièces d'artillerie qui, seuls, sur les 18.000 hommes de Zassoulitch avaient pris part au combat. Ils avaient reçu le choc de 42.000 Japonais et 128 canons.

Les pertes avaient été énormes; plus de 2.000 russes avaient été tués ou mis hors de combat. Les japonais n'avaient perdu qu'un millier d'hommes et ils avaient enlevé aux Russes leurs canons et huit mitrailleuses. (Voir tableau, p. 95. Meunier).

Marche sur Feng-hoang-Cheng. — Le général Zassoulitch qui avait gagné Feng-hoang-Cheng ne s'y arrêta pas; il abandonna la ville le 5 mai et son détachement (appelé détachement de l'Est) se replia dans les montagnes entre Feng-hoang-Cheng et Liao-Yang (montagnes de Fen-Choui-Ling) pour en occuper les cols.

On se souvient qu'à ce moment-là il fut excessive-

(1) 5.000 russes et 15 pièces contre 50.000 japonais et 128 canons, d'après la *Revue Militaire des Armées Etrangères*, février 1908.

ment difficile de se renseigner sur les forces des adversaires et sur leurs projets. (1)

En réalité, la première armée japonaise semblant faire face à l'ouest, voulait simplement masquer le débarquement de l'armée de Nodzu à Takouchan (IVe armée).

D'autre part, ce débarquement tardait à s'effectuer parce que les Japonais, ne voulant rien faire au hasard, prétendaient auparavant : 1° connaître exactement la situation de l'armée de Zassoulitch; 2° assurer l'immobilité de la flotte russe en la bloquant dans Port-Arthur (tentatives d'embouteillage).

Bien que cette dernière opération n'ait réussi que partiellement, les débarquements purent s'effectuer en toute sécurité, à Takouchan comme à Pitséouo.

(1) Les dépêches du théâtre de la guerre estimaient les forces de Kouropatkine à 270.000 hommes, chiffre malheureusement exagéré, et on prêtait à Kuroki l'intention de changer d'objectif, pour marcher sur Siou-Yen.

CHAPITRE II

Débarquements des IIe et IVe armées Japonaises

(Généraux Oku et Nodzu)

Vafangou

Pendant que la première armée occupait l'armée Russe, des transports avaient commencé du 5 au 20 mai à débarquer, des troupes sur la côte N. E. de la presqu'île de Liao Toung (1).

Ces troupes allaient marcher du 21 au 25 mai, sur Kintchéou (2), fortes de 40.000 hommes et 200 canons.

Après l'occupation de l'Isthme étroit qui réunit la presqu'île du Kouan-toung à la terre ferme la place de Port-Arthur serait facile à bloquer ou au moins à masquer.

La IIIe armée Japonaise du général Nogi, débarquée après la IIe, allait s'en charger ; et Oku allait pouvoir manœuvrer librement face au nord, pour

(1) Lire dans Meunier le récit de ce débarquement, p. 107.

(2) Pour les détails de la bataille de Kintchéou ou de Nanchan, voir à la fin de ce travail les opérations contre Port-Arthur p. 59 *ou mieux* Meunier p. 110. On écrit aussi Nunchan.

opérer sa jonction avec les deux autres armées et marcher sur leur objectif commun : Liao-Yang.

Marche de Stakelberg au secours de Port-Arthur

Vafangou, 14-15 Juin (1)

Il était temps, car Kouropatkine venait d'envoyer au secours de Stœssel une armée de 42.000 fantassins, 3.000 cavaliers, 94 canons, sous le commandement du général Stakelberg.

A la fin de mai le gros de ce détachement dit *détachement du sud* était installé à hauteur de d'Inkéou, Tachékiao, Kaïping.

Les fractions avancées de la IIe armée japonaise n'avaient pas dépassé Foutchéou-Vafangou.

La marche en avant de Stackelberg ne devait donner lieu tout d'abord qu'à des escarmouches insignifiantes entre avant-gardes (30 mai-3 juin) et à

(1) Cet épisode de la guerre, malgré sa brièveté, mérite une mention spéciale, il a constitué un changement complet (quoique momentané), dans les idées du généralissime russe. Le plan de Kouropatkine était de laisser Port-Arthur se défendre avec ses propres ressources, résolu qu'il était d'attendre à Liao-Yang que son armée eût reçu des renforts. La pression du gouvernement l'avait forcé à envoyer Stakelberg au secours de la place — Les Japonais essayèrent de faire avorter cette opération en inquiétant les Russes du côté de Feng-Hoang Cheng ; car le succès de cette opération pouvait déjouer complètement leurs prévisions.

La suite du siège semble avoir donné raison à Kouropatkine, une place doit se suffire à elle-même; son rôle n'est pas d'immobiliser, pour sa défense, une partie importante des troupes amies, mais, au contraire, d'occuper avec une faible garnison, une grande partie des forces ennemies.

des démonstrations de la flotte japonaise sur le rivage à hauteur de Yang-yé-tscheng.

Il arrivait à Vafangou le 5 juin et c'est seulement les 14 et 15 qu'il devait se mesurer avec les 40.000 hommes de la IIe armée japonaise, appuyés par une artillerie formidable de 216 canons de campagne.

Cette bataille fut une 2e édition du combat du Yalou. Les Russes occupaient une *position défensive.*

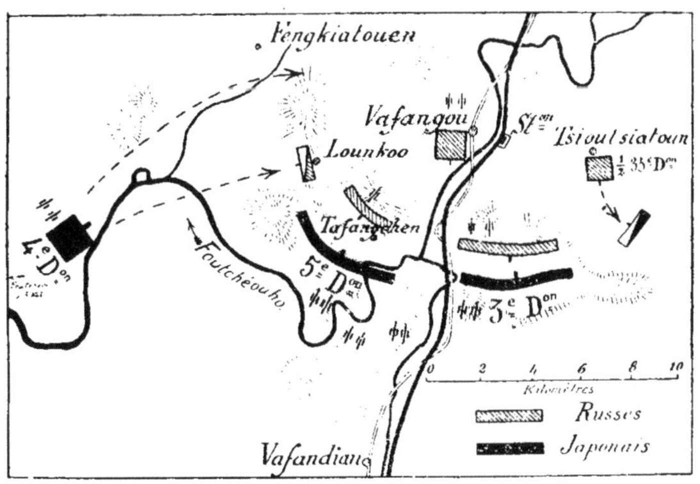

Les Japonais combinent une vigoureuse attaque de front avec un mouvement tournant.

Journée du 14. — La veille, 13 juin, le général Oku s'était rapidement porté en avant sur 3 colonnes marchant jusqu'à 9 heures du soir.

Le 14 au matin l'offensive fut énergiquement

menée contre la gauche russe ; mais la fusillade l'arrêta. Le général Stackelberg se jugeant en état de prendre lui-même l'offensive, décida pour le lendemain l'exécution d'un mouvement enveloppant contre le flanc droit japonais, en portant en avant la brigade laissée en réserve à Tsioutsiatoun.

Journée du 15. — Dès 5 heures du matin, l'artillerie japonaise, dont la supériorité numérique était considérable, canonna vigoureusement la gauche russe et réduisit les batteries adverses au silence.

Puis ce fut le tour du centre et de l'aile droite. La manœuvre de Stackelberg n'avait guère de chance de réussir.

D'ailleurs il n'était plus temps, car dès 6 heures du matin une division japonaise menaçait la droite russe après avoir exécuté dans la direction de Lounkoo, Fengkiatouen, un immense mouvement tournant.

A 3 heures du soir, Stackelberg, malgré une opiniâtre résistance, fut obligé de reculer vers le nord. La bataille était perdue (1).

Les Japonais devaient leur victoire :

1° A leur habile manœuvre ;

2° A la supériorité de leur artillerie.

(1) Voir 1er fascicule de Conférences (Lavauzelle).

Cette opération de Vafangou, engagée sans but précis, aurait été, d'après le colonel Komarov, une des plus inutiles et des plus tristes de la campagne. — Défaite imputable moins à l'habileté de l'adversaire qu'à la maladresse des Russes.

L'artillerie russe avait subi des pertes énormes sous le feu remarquablement ajusté des batteries japonaises et elle avait même dû abandonner 13 canons sur le champ de bataille. (1)

Conclusions de Vafangou

La tentative de secours de Port-Arthur venait d'échouer, mais l'armée russe avait échappé aux Japonais qui la menaçaient par le Sud, le Sud-Est et l'Est. Stakelberg avait pu se retirer sans être inquiété. Le 17 il arrivait à Sénioutchen.

Nota. — C'est à ce moment que les croiseurs de Vladivostock (amiral Bézobrazof) venaient de couler plusieurs transports japonais, portant l'équipage de siège de Port-Arthur. Mais les Japonais ne savaient pas encore ce détail.

(1) Pertes d'après Meunier, p. 117 à 119.
Russes : 130 officiers, 3.500 hommes ;
Japonais : 50 officiers, 1.163 hommes (913 d'après Komarov).

CHAPITRE III

MARCHE CONCENTRIQUE SUR LIAO-YANG

Jonction de la IVe armée avec la IIe. —
Tachekiao. — Simoutcheng. — Retraite russe sur Liao-Yang

Nous avons vu que le mouvement de Stakelberg avait fort inquiété les Japonais. Aussi devait-il amener non seulement la bataille de Vafangou, mais le mouvement en avant de toutes les forces adverses, car les Japonais semblent avoir pour principe de payer d'audace dans les moments critiques.

Il s'agissait d'inquiéter Kouropatkine vers l'Est, pour l'empêcher de renforcer le détachement du Sud.

La Ire armée, aidée de la IVe débarquée à Takouchan, avait fait un nouveau mouvement en avant vers Liao-Yang et Kaïping.

Ière *armée.* — Sur Liao-Yang, le 7 juin, les avant-gardes de Kuroki s'étaient avancées par la grande route de Liao-Yang et par celle qui passe plus à l'est, et avaient attaqué les Russes près du célèbre défilé de Motouling.

Le même jour, une brigade avait forcé Saïmatsé et refoulé les cosaques vers le nord, semblant menacer ainsi la direction de Moukden.

Entrée en ligne de la IVe Armée

Occupation de Siouyen

Enfin, la IVe armée (Nodzu) formée des troupes débarquées à Takouchan (1) (2 divisions d'infanterie, 1 brigade de cavalerie, 1 brigade d'artillerie), faisait une démonstration sur Siouyen, centre stratégique important à cause des routes nombreuses qui en partent.

En effet, après une première rencontre le 30 mai au sud de la ville, entre une reconnaissance Russe et leurs éclaireurs, les Japonais avaient refoulé vers Kaïping (le 8 juin) les Russes qui occupaient Siouyen, en les attaquant par le Sud et par l'Est.

Pourtant, malgré cette offensive générale, rien n'indiquait encore d'une façon précise l'objectif des Japonais, car on ignorait ce que cachait le long rideau de leurs avant-gardes. On se demandait si Liao-Yang allait être subitement menacé, ou si au contraire les Japonais voulaient concentrer leurs

(1) Le débarquement avait eu lieu du 19 mai au 1er juin sous la protection de la 1re armée.

forces sur le détachement de Stakelberg pour le couper du gros des forces Russes.

Mais vers le 15 juin, après Vafangou, et au moment des bruits de marche de Kouropatkine à sa rencontre, la Ire armée Japonaise se trouvait à hauteur de Motouling ou Motienling, dont elle occupait solidement les passages en face du général Keller *(3 divisions de tirailleurs, et la division de cavalerie de Rennenkampf)*, la IVe armée était en face de Zaroubaïef, *(2 divisions 1/2 et la brigade de cavalerie de Mitschenko)*.

On avait cru que la Ire armée avait changé d'objectif et voulait marcher vers l'ouest parce qu'une division était venue à Siouyen. Il semble que ce mouvement ait eu simplement pour but de protéger les débarquements de Takouchan. Elle avait regagné le gros ds la Ire armée en coupant au court par Soumentseu, son point de destination prévu.

Les opérations de Kuroki contre le général Keller sont fort instructives, mais le but de notre ouvrage étant très modeste, nous n'en donnerons qu'un résumé parce que le caractère spécial de ces opérations en pays de montagnes intéresse plus particulièrement les troupes de l'Est et les troupes alpines. La défense insuffisante des cols de *Motouling* par les Russes, permit aux Japonais de s'avancer sur la route de Liao-Yang et jusqu'à Sikeyan, sur la droite, pendant que leurs adversaires reculaient jusqu'à Taouan. Les Russes ne devaient plus pouvoir reprendre les positions solidement défendues par les Japonais après leur occupation.

La route de Liao-Yang était presque libre devant Kuroki, mais il ne pouvait avancer seul, il devait attendre les deux autres armées (1).

Jonction de la IVe Armée avec la IIe Armée

Jusqu'à la bataille de Tachekiao, on n'avait pas bien su ce qu'étaient devenues les troupes débarquées à Takouchan. On croyait toujours voir à Siou-Yen des troupes appartenant à l'armée de Kuroki. C'étaient celles du général Nodzu. Mais bientôt on apprenait que des escarmouches avaient lieu dans les montagnes, à l'est de Kaïping. Les Japonais occupaient le col de Tsipanling (IVe armée). Quant à celles d'Oku (IIe armée), qui avaient pris part à la bataille de Vafangou, les journaux les confondaient avec celles de Nogi, laissées en réalité devant Port-Arthur (IIIe armée). Elles avaient repris leur marche vers le Nord après deux jours de repos.

A la fin de Juin, leurs forces formaient donc un

(1) Cette marche de Kuroki contre Keller a été étudiée d'une façon très intéressante dans l'étude si brillante du lieutenant-colonel Meunier et dans des articles de la *Revue Militaire Générale* de décembre 1907 à mars 1908. (Du Yalou à Liao-Yang).

arc de cercle au sud-est et à l'est des forces russes : Oku à l'extrême gauche, Nodzu au centre, Kuroki, à l'est, occupait la droite de cette immense ligne courbe.

Les Russes semblaient surveiller activement la droite ennemie (1), mais ce n'était pas là qu'à ce moment le maréchal Oyama voulait concentrer son effort.

Abandon de Kaïping par les Russes. — Le 1er corps de Stakelberg avait abandonné sans résistance Kaïping, malgré les préparatifs de défense qui avaient été faits pour arrêter les Japonais.

Ceux-ci étaient arrivés le 7 juillet à moins de 10 kilomètres de la ville ; le 9 ils pouvaient avancer devant les Russes qui se repliaient. Ce recul était une perte sensible pour les Russes, car plus les Japonais avanceraient vers le Nord, plus ils se rapprocheraient des deux autres armées. Stackelberg semble avoir agi par crainte d'être coupé vers le nord-est en reculant jusque sur la ligne : Inkéou, Tachekiao, Simoutcheng.

Rappelons que pendant ce temps, Kuroki tenait déjà les cols de Motouling et Youchouling (voir planche II), face à Keller, avec une flanc-garde à Saïmatsé.

(1) Mission confiée au général Rennenkampf.

Nodzu restait lui-même à hauteur du col de Taling (1).

TACHEKIAO, 23-24 JUILLET

Le général Stackelberg occupait depuis le 12 juillet une position au sud de Tachékiao.

Le 23, les troupes du général Oku, immobiles de-

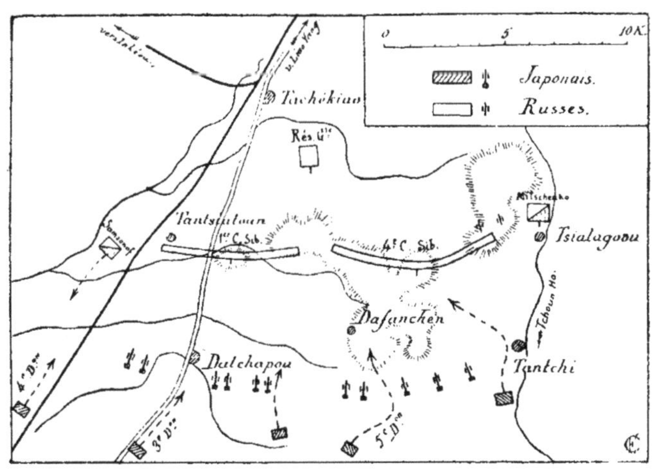

puis le 6, s'ébranlent. La bataille s'engage sur un front de près de 16 kilomètres.

Les Russes s'étaient établis sur une ligne allant

(1) Cet arrêt fut diversement apprécié : certains l'attribuèrent à une feinte, d'autres aux pluies qui détrempaient les chemins. D'autres enfin l'expliquèrent par la nécessité de réparer les pertes et de compléter les approvisionnements.

du chemin de fer (à Tantsiatoun) à Tsialogoou. Le 1er corps (Stackelberg) était à droite, le 4e (Zaroubaïef) à gauche.

La bataille semble avoir consisté en un duel d'artillerie entre les dix-neuf batteries japonaises et le 1er corps pendant que l'infanterie attaquait le 4e corps (de Zaroubaïef) (1).

Durant ce combat on put constater des lenteurs de transmission (d'ordres, de renseignements) et une absence complète de solidarité du côté des Russes. Enfin, il semble que tous auraient manqué de décision.

Avant de répondre à une demande de renforts, il fallait « étudier la question (2). »

Les Japonais, eux, résolvaient avant de les étudier, les questions tactiques qui pouvaient se poser ou plutôt ils les résolvaient avec cet esprit de décision qui caractérise les véritables hommes de guerre.

Et cependant, la valeur des troupes russes était telle que les assauts furieux des Japonais contre le 4e corps furent trois fois repoussés, ce qui montre une fois de plus qu'un adversaire un peu manœuvrier et animé de la ferme volonté de vaincre

(1) Forces japonaises : 3 divisions. Pertes subies : environ 1.200 hommes.

(2) Voir Meunier, p. 165 pour les enseignements à déduire de cette bataille.

aurait pu avoir raison des Japonais, malgré les éloges qu'on a faits de leur armée.

Néanmoins, la retraite sur Haïtcheng fut ordonnée; elle s'exécuta dans la nuit.

Le général Sakharof affirme que les Russes, restés maitres du champ de bataille le 24 au soir, n'avaient évacué leurs positions que volontairement, pour satisfaire aux exigences de leur plan de campagne.

En tous cas, le 25 juillet les Japonais pouvaient entrer dans Tachékiao évacué par les Russes, et incendié au dernier moment.

La plus grande partie des approvisionnements avaient été détruits.

Conséquences de la bataille de Tachékiao. — Malgré ce nouveau succès, les Japonais ne devait avancer ensuite que lentement, comme après chaque bataille de cette campagne, sans avoir exécuté la poursuite, qui doit achever toute véritable victoire.

Certains ont qualifié cette lenteur de timidité stratégique, d'autres y voient la preuve de leur faiblesse. Il est plus vraisemblable de l'attribuer à l'épuisement qui doit suivre chaque bataille à cause de l'effort surhumain qu'exige le combat moderne. D'autre part, dans l'armée japonaise, on a toujours utilisé dans la bataille toutes les réserves disponibles. Puisque le rendement avait été considérable, les troupes devaient être à bout de forces. Chercher un succès plus complet aurait pu compromettre les résultats obtenus. D'autre part, le manque de munitions et de vivres s'est fait souvent sentir au cours de la bataille. Là est peut-être une cause qu'il ne faut pas négliger.

Ce n'est que trois jours plus tard que de petits combats révélaient leur présence dans les environs de Haïtcheng.

Il est vrai, que, dès le 26, ils avaient occupé Inkéou, le port de Nioutchouang, évacué le 14 par les Russes. Ils fermaient aussitôt ce port aux neutres pour assurer le secret de leurs transports, car ils allaient en faire une base de ravitaillement des plus précieuses, à l'embouchure du Liaoho, grand fleuve dont la capacité de transport s'ajouterait à celle du chemin de fer et de la grande route.

Centre et Est du théâtre de la guerre. — Pendant ce temps, les Japonais des Ire et IVe armées, s'étaient contentés de manœuvrer pour aider à distance le général Oku, en attirant sur leur front l'attention d'une partie des forces russes.

Les batailles de Kangoualin, Yantséling, Youchouling peu importantes en elles-mêmes, devaient avoir pour effet de provoquer chez le haut commandement russe une vive inquiétude (1).

Ce sont sans doute les multiples petits succès

(1) La bataille de Yantséling, semble en effet avoir provoqué après la bataille de Tachékiao, le recul sur Haïtcheng, recul inexplicable autrement.

remportés par les Japonais dans la guerre de montagne qui devaient empêcher Kouropatkine de pousser à fond les succès partiels qu'il avait remportés dans la défensive à Haïtcheng, où il avait pendant deux jours repoussé tous les assauts des Japonais.

Là, nouvelle destruction d'approvisionnements assez considérables et nouveau recul.

Retraite sur Liao-Yang

Après la retraite définitive des 1er et 4e corps sur Liao-Yang, les 3 armées japonaises allaient être complètement unies, elles l'étaient déjà virtuellement depuis Vafangou et l'occupation de Motouling-Tsipanling. Il n'était plus temps de les battre en détail. L'occasion était perdue. (D'ailleurs, Kouropatkine semble n'y avoir jamais songé.)

Pour comble de malheur, l'escadre de Vladivostock perdait à ce moment 1 croiseur, et les 2 autres étaient fort endommagés (14 août), tandis que l'escadre de Port-Arthur était elle-même dispersée après la bataille malheureuse du 10 août. La fraction de cette belle escadre, qui se réfugiait à Port-Arthur, était vouée à une destruction certaine, comme nous le verrons plus loin. Une autre partie gagnant des ports neutres devait y être désarmée jusqu'à la fin de la guerre.

CHAPITRE IV

LIAO-YANG

SITUATION EN AOUT 1904

Russes. — Depuis le 4 août, les Russes occupaient comme positions avancées : Anping, Latséchan et Anchantchan. (Voir planche II, à la fin de l'ouvrage).

Leurs forces considérablement accrues comprenaient les 1er, 2e, 3e, 4e, 10e et 17e corps, soit 6 corps de 25.000 hommes

Mais le 1er et le 3e n'avaient plus qu'une douzaine de mille hommes à cause des pertes subies.

L'infanterie comprenait donc de 120 à 130.000 combattants.

La cavalerie s'élevait à 14.000 sabres.

L'artillerie était forte de 500 pièces environ.

A cela, on doit ajouter 24 mitrailleuses.

A Moukden, on avait laissé 30.000 hommes et 100 canons.

Japonais. — Les Japonais avaient environ :

Infanterie : 120.000 combattants.

Cavalerie : 5.000 sabres.

Artillerie : 550 à 600 canons, parmi lesquels des obusiers de 12 et de 15 c/m.

Ces deux armées sensiblement égales allaient en venir aux mains; elles n'avaient plus entre elles qu'un faible intervalle.

Arrêt du 7 au 19 Aout

Mais voici qu'un nouvel arrêt se produit autour de Liaoyang. Russes et Japonais restent sur leurs positions à partir du 7 août, s'accordant mutuellement une sorte d'armistice.

Il pleuvait partout; sans doute les opérations eussent-elles été difficiles dans un pays où les pluies d'été rendent les chemins impraticables à l'artillerie et aux convois. Et cependant se déroulait sous Port-Arthur une lutte acharnée. Aussi a-t-on pu voir dans l'attente de la chute de Port-Arthur la cause de l'inaction des armées japonaises concentrées devant Liaoyang pendant plus de 20 jours (1).

On a même prétendu que l'armée de siège était dirigée par le Maréchal Oyama lui-même qui aurait emprunté 30.000 hommes de renfort aux armées de Mandchourie.

(1) Les Russes étaient alors refoulés à Port-Arthur sur leur ligne de défense extérieure. — L'armée de siége devait tenter de faire céder la place pour se joindre le plus tôt possible aux 3 armées de Mandchourie.

Elle absorbait un effet de forces considérables qui auraient fait sensiblement pencher la balance si elles avaient été disponibles à Liaoyang.

En tous cas les Russes se fortifiaient autour de Liaoyang et envoyaient vers le nord femmes et enfants.

La position de Liao-Yang avait été formidablement organisée. On avait préparé la défense de tout le terrain compris au sud-Est de la ville entre la voie ferrée et le Taïtsé-Ho, face aux trois armées Japonaises.

Les Russes grands remueurs de terre, n'avaient pas ménagé leurs forces à la construction de solides parapets et de nombreuses défenses accessoires. Malheureusement, bien des détails en apparence insignifiants avaient été négligés, faisant perdre à cette organisation défensive une partie de sa valeur.

Les tranchées étaient visibles de loin, la terre n'ayant pas été recouverte de gazon sur le parapet ; de plus elles étaient reversibles à cause de la pente trop forte du talus du côté de l'ennemi.

Enfin le gaolian formait, dans le champ de tir en avant, un abri naturel qu'on aurait dû détruire sur une plus grande étendue qu'on ne l'a fait.

Nous reviendrons du reste en détail sur cette question dans les enseignements à déduire de la guerre.

Combats préliminaires du 24 au 29 aout.

Bataille d'Anping

Le général Kouropatkine avait mis en ligne 5 corps d'armée, à droite les 1er, 4e et 2e sous Zaroubaïef, avec la cavalerie de Mitschenko.

A gauche les 3e et 10e sous Bilderling.

Le 24 août, les Japonais reprenaient le mouvement en avant.

L'opération se bornait d'abord à une simple reconnaissance de la vallée du Tanho.

Mais le lendemain, c'étaient 2 divisions qui attaquaient.

Cette bataille ne doit pas être confondue avec la bataille de Liao-Yang proprement dite.

Elle s'est en effet déroulée uniquement sur les *positions avancées* que les Russes avaient choisies en avant de leur première ligne de défense, de la gare d'Anchantchan ou Anchantien jusqu'à Anping en passant par Latséchan (ou : Landiasan).

Quoiqu'au Sud, l'attaque n'ait pas été poussée à fond par la IIe armée, les Japonais purent cependant occuper la gare d'Anchantchan le 27 août.

Le recul des Russes était provoqué par la retraite du 10e corps.

Ce n'était d'ailleurs pas sans peine que Kuroki avait

pu avancer au sud-est vers Latséchan. — Deux divisions Japonaises furent tenues en échec par les Russes pendant près de 2 jours.

Vers Anping, la 12e division n'avait pas trouvé moins de résistance devant elle.

Ces combats à l'Est d'Anping furent des plus acharnés.

Les Japonais voulaient à tout prix percer vers Liao-Yang pour forcer les Russes à abandonner les positions du sud. (Tactique analogue à celle de Haïtcheng et à celle du Yalou).

Pendant la retraite dans des chemins détrempés par les pluies, les Russes durent abandonner quelques canons.

Ce recul du détachement de l'est imposait aussi à Kouropatkine l'abandon des positions d'Anchantchan (27 août).

Le 29 les trois corps Russes de 1re ligne reculaient sur la ligne principale de défense établie devant Liao-Yang.

Bataille de Liao-Yang (*30 août — 3 septembre*).

La Bataille de Liao-Yang proprement dite qui devait se dérouler du 30 août au 3 septembre pendant cinq jours et cinq nuits, allait mettre en présence les 140.000 hommes de Kouropatkine et les

130.000 du maréchal Oyama. Les pertes totales devaient s'élever à 40.000 hommes (1).

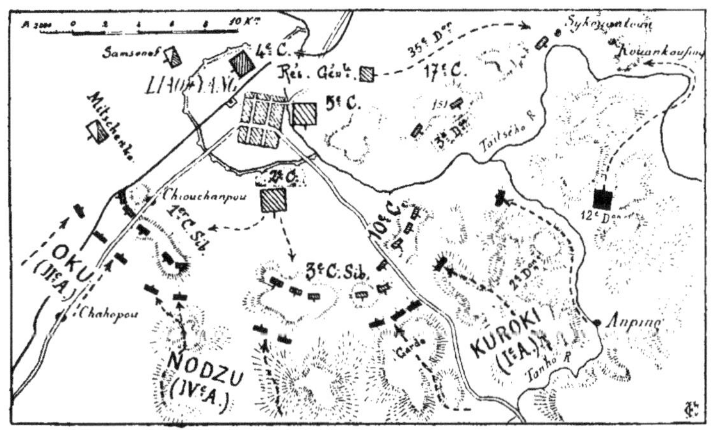

SITUATION DANS LA MATINÉE DU 30 AOUT

Deux phases : 1° Les 30 et 31 août, les Russes installés dans leur ligne principale de défense, entre le chemin de fer et la rive gauche du Taïtsého, repoussent les attaques des IIe et IVe Armées.

2° Les 1er, 2 et 3 septembre, la lutte se transporte sur la rive droite de Taïtsé-ho et Kouropatkine doit rappeler au Nord, contre Kuroki, les derniers défenseurs de Liao-Yang.

Première Phase

Journée du 30 août. — Ce fut une lutte effroyable. Après un combat acharné d'artillerie qui avait

(1) 20.000 hommes pour chaque armée.

commencé dès l'aube, les troupes d'Oku et de Nodzu attaquèrent vigoureusement la droite et le centre Russe ; le 30 au soir elles n'avaient obtenu aucun succès.

Journée du 31 août. — Il en fut de même le lendemain 31 août. Les Japonais n'avaient pu tourner l'aile droite Russe défendue par une compagnie de mitrailleuses.

Oyama s'acharna contre le centre. Son artillerie, bien placée, reliée comme toujours par téléphone à des observatoires ayant de bonnes vues, couvrait d'obus les tranchées ennemies, et cependant, son infanterie était décimée dès qu'elle débouchait sur les hauteurs.

Aussi est-ce à grand peine que dans la soirée, deux groupes de tranchées étaient au pouvoir des Japonais. Partout ailleurs les Russes restaient maîtres du terrain.

Deuxième Phase

Journée du 1er septembre. — Mais le 1er septembre, l'armée de Kuroki débouche sur la rive droite du Taïtsého.

Il marche vers la voie ferrée, sur les derrières de Kouropatkine :

Celui-ci accourt, modifie aussitôt son dispositif et au lieu d'opposer à l'enveloppement une partie au moins de ses réserves, (2 corps d'armées inutilisés dans les premiers jours de la bataille), il envoie aux 1er, 3e et 10e corps, l'ordre de se replier en évacuant la ligne principale de défense, si chèrement défendue pendant deux jours, et de laisser sur la 2e ligne des détachements qui y protègeront le passage du

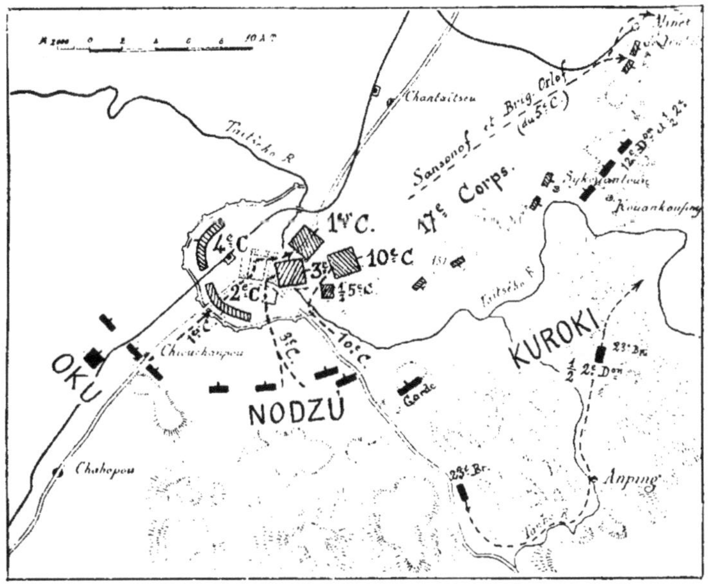

SITUATION LE 1er SEPTEMBRE AU SOIR

Taïtsého ; trois corps pourront ainsi être opposés à l'armée de Kuroki sur la rive droite du fleuve.

Kouroptkine voulait-il renouveler la tactique de Napoléon et faire subir avec une masse énorme, une véritable défaite à cette armée isolée ? — Non, il n'était question comme toujours que de « protéger la retraite » d'empêcher l'enveloppement. De coup de massue, il n'était nullement question !

Oku et Nodzu peuvent donc s'avancer au sud derrière les ennemis en retraite, bombardant le réduit, mais là d'énergiques défenseurs les arrêtent de nouveau.

Pendant ce temps Kouropatkine était déjà aux prises au sud de Yentaï avec la Ire armée Japonnaise.

Nous disons Kouropatkine parce que le généralissime y commandait en personne. Il changea plusieurs fois de suite la composition de la brigade Orloff (ainsi que Bilderling d'ailleurs, qui, commandant en chef dans ce secteur, envoyait ordre sur ordre). Les détails semblent là encore, avoir détourné l'attention des chefs de la direction générale du combat (1).

Kuroki avec la 12e division, la moitié de la 2e et la brigade de réserve de la Garde (restée, elle, sur la rive gauche jusqu'au 2 septembre), avait pu occuper de bons points d'appui au sud de Sykouantoun (nuit du 1er au 2 septembre), et, rassuré bientôt sur la situation critique qu'il avait effleurée, il avait pris lui-même l'offensive.

(1) L'incident Orlof prit des proportions démesurées et fit croire que la situation de l'ensemble de l'armée était critique. Cela semble faux. La bataille n'était point perdue.

Journée du 2 septembre. — Or Kouropatkine venait au contraire l'attaquer à Sykouantoun le lendemain matin. La situation de la 2e division Japonaise aurait pu être de nouveau très fâcheuse.

Le 2 au soir, Kuroki était arrêté sur place, mais Kouropatkine était décidé à battre en retraite.

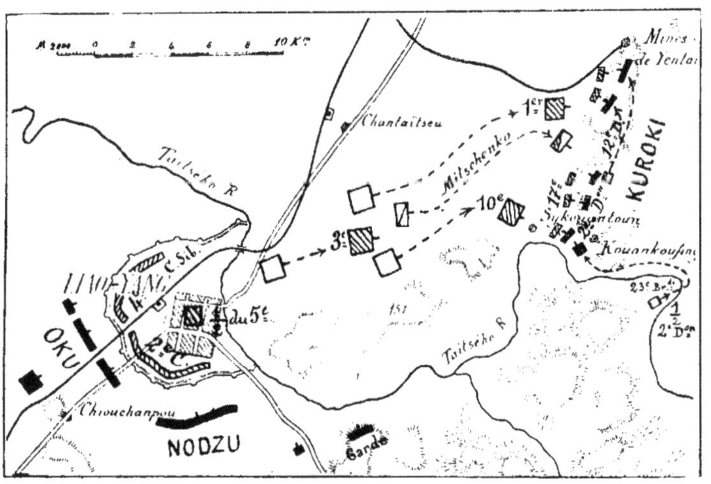

SITUATION LE 2 SEPTEMBRE

Les corps de troupe Russes qui se sont déplacés sont représentés par des rectangles sans hachures (2 au matin) et des rectangles hachurés (2 au soir).

Le 1er septembre avait déjà commencé l'évacuation de Liao-Yang, sous la protection des valeureuses troupes occupant le réduit au sud et à l'ouest de la ville (4e et 2e corps, plus une division du 5e.)

Le 3 au soir les Japonais n'avaient pas encore pu pénétrer dans la ville.

Résultats de la bataille. — Le 4 septembre Liao-Yang était évacué. Les Japonais finissaient donc par gagner la partie.

Mais était-ce là une victoire décisive ?

Sans doute, depuis Vafangou, les 3 armées japonaises avaient réussi à refouler vers le Nord l'armée Russe et à lui enlever toute possibilité de secourir Port-Arthur, qu'ils espéraient voir bientôt succomber.

Et cependant Kouropatkine avait pu reculer en bon ordre.

Les Japonais avaient, une fois de plus, été incapables de poursuivre.

Quant à Port-Arthur, il tenait encore devant l'armée du général Nogi.

Aussi, un mois après cette bataille, l'armée Russe réorganisée et renforcée allait-elle être prête à l'offensive.

(1) Voir Meunier, p. 205-206 pour l'emploi de l'artillerie.
Id p. 212 pour les mitrailleuses.

CHAPITRE V

OFFENSIVE RUSSE EN OCTOBRE 1904

BATAILLE DU CHA-HO

Situation des 2 armées. — Après Lio-Yang, l'armée Russe s'était retirée au nord du Cha-Ho.

Sa force s'était considérablement accrue. Elle comptait environ 200.000 hommes, dont 13.000 cavaliers : (9 corps d'armée et 9 brigades de cavalerie) (1), et près de 1.000 canons à opposer à 160.000 Japonais (dont 4 à 5.000 cavaliers) appuyés par 600 canons.

Mais les Japonais avaient une armée parfaitement homogène ; les réservistes avaient comblé progressivement les vides, sans former de nouvelles

(1) Infanterie :

Ier corps	sibérien....	19.700	baïonnettes
IIe —	—	7.000	—
IIIe —	—	16.700	—
IVe —	—	20.000	—
Ve —	—	19.000	—
VIe —	—	30.000	—
Ier corps	d'Europe	27.000	—
Xe —	—	19.000	—
XVII —	—	23.000	—
	Total........	181.400	baïonnettes.

Artillerie : plus de 600 canons.

Cavalerie : 150 sotnias, soit 12 000 à 14.000 sabres.

Conf. sur la Guerre Russo-Japonaise, Ve fascicule, p. 19.

unités. Les cadres, parfaitement exercés et animés d'un remarquable esprit de solidarité, faisaient de cette armée un instrument redoutable. Du côté des Russes, au contraire, on trouvait des unités composées entièrement de réservistes, nouvellement arrivés d'Europe et n'ayant jamais vu le feu, à côté des anciens corps aguerris, mais décimés dans les premières batailles.

La nouvelle région où se trouvaient les deux armées adverses est analogue à la région méridionale du théâtre de la guerre. Le chemin de fer et la route mandarine la divisent en deux parties ; l'une montagneuse à l'est, de communications difficiles ; l'autre à l'ouest formée de la large et fertile vallée de Liaoho, fleuve qui coule à l'ouest du chemin de fer.

Comme aux environs de Liao-Yang, la plaine comprend de nombreux villages peu éloignés les uns des autres et capables de fournir de solides points d'appuis.

C'est principalement dans la région accidentée que les nouveaux combats devaient se dérouler.

Kouropatkine voulait attirer l'attention des Japonais à l'ouest et les tourner par l'Est, du côté de Pensikou.

Préparatifs d'offensive. — L'armée Russe, qui depuis Liao-Yang se tenait le long du Houn-Ho avec ses avant-postes sur le Cha-Ho, se mit en marche sur trois colonnes. A la *droite* était *Bilderling* avec 1 corps d'armée (17e) opposé au général Oku; au centre Zaroubaïef, à gauche Stackelberg.

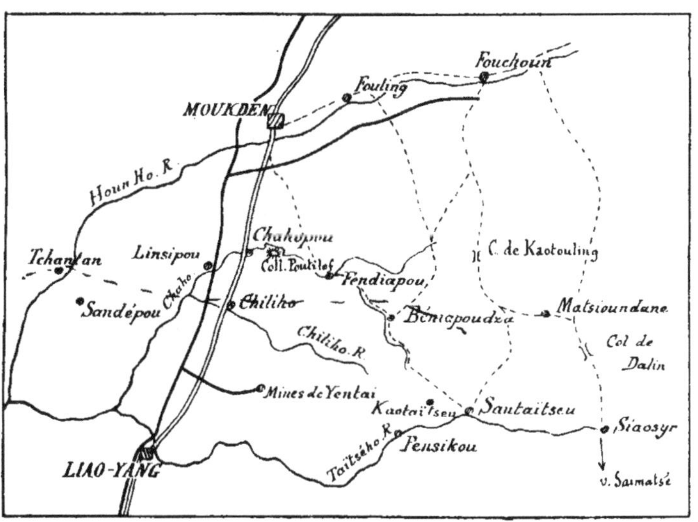

L'emplacement de Matsioudane et le tracé des chemins du Taïtsého au Houn-Ho ne sont qu'approximatifs car les renseiguements actuels à ce sujet ne concordent pas.

Kouropatkine gardait à sa disposition de très fortes réserves (près de la moitié de son armée).

L'armée japonaise s'étendait de Tchantan à Béniapoutsa. Ses emplacements exacts sont encore aujourd'hui mal connus.

Le plan de Kouropatkine, de transporter la lutte

vers l'est a été très discuté (1). Cependant on ne peut se prononcer sans savoir dans quel état se trouvait la plaine après la saison des pluies.

Enfin nous répétons ici encore que la critique est facile lorsque la partie est jouée. Elle serait plus ardue pendant la lutte même, lorsque chacun des deux adversaires ne connaît que son propre jeu et ne connaît presque rien de celui de l'adversaire.

Mais ce qu'on peut critiquer sans réserve, c'est la dislocation systématique de cette grande armée avant chaque bataille. Dans chaque masse de troupes il est rare de voir des unités entières. Bilderling, par exemple, a deux corps et une fraction. Stackelberg en a *deux entiers* et *trois fractions de trois corps différents !...*

C'est un procédé acceptable dans un exercice sur la carte, où les pions sont interchangeables; dans chaque camp, un cavalier vaut un cavalier.

Mais dans une armée il n'en est plus de même. Deux sections du 4e unies à deux sections du 82e, auront beaucoup de chances de ne pas former une compagnie bien homogène. Il en est de même des divisions et des corps d'armée.

(1) On a reproché au Généralissime d'avoir choisi la région montagneuse comme théâtre de son offensive. — En plaine l'avantage du nombre et surtout de sa cavalerie se serait fait mieux sentir. — Et, comme le fait remarquer le Lieutenant-Colonel Danilov (v. p. 56, 5e fascicule), l'armée de Mandchourie était pauvre en artillerie de montagne. — Mais ce dernier approuve nettement l'idée d'offensive. (Deux corps d'armée venaient d'arriver).

Bataille du Chaho ou de Yentai
(6 au 16 octobre 1904)

L'offensive Russe réussit d'abord à merveille du côté de Pensikou. Le 9, les Russes arrivaient à Santaïtseu et Kaotaïtseu (à l'est de Pensikou) ; une brigade avait tourné les Japonais par le sud.

Ceux-ci furent à un moment donné dans une situation assez critique.

Mais, à la grande surprise des Russes, Oyama qui avait d'assez forts détachements de couverture, fut vite renseigné sur les intentions des Russes. Le 10, au moment où semblait réussir leur vigoureuse attaque, Kuroki arrivait à rétablir ses communications, tandis que les deux armées d'Oku et de Nodzu prenaient elles-mêmes l'offensive contre la droite Russe (le 11 et le 12), dans la région de la route mandarine et de la voie ferrée sur la rive gauche du Chi li ho refoulant jusque sur Chahopou et Linsipou tout ce qu'elles rencontraient.

Le 12 au soir, l'armée Russe avait repassé le Chaho, sauf une partie restée sur la colline Novgorod ou de l'Arbre-Isolé. En raison de la faiblesse du centre russe, le 4e corps avait même failli être enveloppé à l'est par l'armée de Nodzu. Kuroki menacé au début de la lutte, devenait à son tour assaillant et talonnait de près les Russes dans leur retraite.

Le 14 et le 15 eurent lieu des attaques destinées à conquérir les rives du Chaho. Sur la rive droite, les Japonais avaient Linsipou que Bilderling tenta de reprendre.

Colline Poutilof. — L'épisode le plus populaire de cette bataille fut la prise par les Russes de 2 collines voisines, placées sur la rive gauche du Chaho, dans un crochet que fait cette rivière à l'est de Chahopou.

16 octobre. — La colline est fut reprise la première : on l'appela Novgorod. (Les soldats qui avaient pris part à l'assaut étaient presque tous de la région de Novgorod).

Ensuite fut enlevée la seconde qu'on appela Poutilof (du nom du général qui dirigeait l'opération). Les Japonais devaient abandonner 14 canons (1), avec nombre de tués et blessés.

Quoique les journaux se soient complaisamment étendus sur cet épisode, il n'eut pas grande influence sur la suite des opérations.

Rupture du combat. — On se battait depuis le 11 avec acharnement (2).

Les pertes totales s'élevaient à 60.000 hommes (40.000 Russes environ) tués ou blessés.

Les munitions étaient presque épuisées. Une série d'orages provoqués peut-être par les détonations

(1) 12 seulement d'après Meunier.

(2) Du 11 au 16. Le contact avait même été pris le 8.

des canons, avaient amené des pluies torrentielles. Les vallées et les plaines étaient transformées en bourbiers ; les chemins étaient devenus peu praticables.

Les deux adversaires durent s'arrêter épuisés, séparés par une zone étroite de terrain.

Résultats de la bataille. — Donc, une fois de plus l'armée Russe avait reculé, mais ce recul n'était pas énorme. L'armée avait réoccupé des positions en avant de celles du Houn-ho d'où son offensive était partie ; ce n'était toujours pas une défaite. D'ailleurs dans cette bataille on a pu constater bien des progrès dans ses procédés de combat. Bilderling avait avancé en se retranchant chaque fois sur le terrain conquis. Stackelberg avait tenu Kuroki en échec pendant un moment. Enfin, la colline Poutilof est une preuve (1) que les Russes étaient matériellement capables de vaincre.

Malheureusement le manque d'audace et de confiance du commandement, le décousu des ordres, et le manque d'organisation de la masse combattante, font toujours le jeu des Japonais. Kuroki sent la faiblesse de l'assaillant, il tourne son échec primitif en victoire.

(1) Pendant toute la campagne, au Yalou comme à Port-Arthur, le courage des Russes a été au-dessus de tout éloge. Les généraux ont d'ailleurs donné l'exemple.

Oyama voit le plan des Russes qui veulent tourner sa droite. Il les laisse faire et les attaque à gauche.

Pour une étude plus complète, nous renverrons le lecteur à l'étude si intéressante du Lieutenant-Colonel Meunier.

Fin de la campagne de 1904.

La bataille du Chaho terminait la campagne de 1904.

Les deux armées ne devaient livrer pendant plusieurs mois que de simples escarmouches destinées à assurer le contact. L'artillerie devait aussi de temps en temps se faire entendre mais sans grand résultat.

A la fin de novembre les deux armées étaient installées pour supporter sans trop souffrir le rude hiver de Mandchourie, s'accordant ainsi un armistice tacite qui devait durer jusqu'à la fin de janvier.

Pendant que les troupes Russes creusaient des abris contre le froid, organisaient même des arbres de Noël, les renforts, les munitions et les approvisions arrivaient toujours de Russie. Le rendement du Transsibérien s'était considérablement accru : 15 trains arrivaient par jour, dont 9 militaires, pouvant transporter 3.000 hommes et 300 chevaux. Si bien que l'armée Russe, forte de 56.000 hommes au début de la guerre, de 150.000 à Liao-Yang, de 200.000 environ à la bataille du Chaho, allait comprendre pour la campagne de 1905, 3 armées : (Liniévitch, Kaulbars, Grippenberg), formant un total de 300.000 hommes, avec 1.200 canons. Les Japonais devaient avoir environ 300.000 hommes et 900 canons.

Malheureusement, l'année allait commencer par un événement de funeste présage, le 2 janvier, Port-Arthur capitulait.

Siège de Port-Arthur

CHAPITRE PREMIER

ORGANISATION DE LA PLACE

Ce n'est pas sur le Chaho que devait se dérouler le premier acte vraiment dramatique de la lutte, mais bien à Port-Arthur.

Au moment où les combats d'octobre venaient de prouver une fois de plus la force de résistance des Russes qu'Oyama ne parvenait toujours pas à mettre en déroute, on apprenait avec une sorte de rage la capitulation de Stoessel à Port-Arthur (2 janvier 1905).

Le siège n'en avait pas moins duré sept mois, la résistance avait été héroïque.

Situation, valeur et armement de la place. C'est que, depuis le 28 mars 1898, jour où la Chine avait cédé à la Russie, pour une durée de 25 ans, l'extrémité sud de la presqu'île de Liaotoung, les Russes grands remueurs de terre, avaient commencé de la transformer en une place forte de premier ordre.

Mais l'achèvement des travaux commencés en 1900 n'était prévu que pour 1908. Tout était à la paix, le Tsar croyant que c'était à lui qu'appartiendrait l'initiative d'une déclaration de guerre. On préférait hâter l'aménagement du port commercial de Dalny, si bien qu'en 1904, on n'avait encore consacré aux travaux de Port-Arthur que 4.000.000 de roubles ou 10.800.000 francs sur les 15.000.000 prévus.

Et cependant, la portion des travaux de défense achevée en 1904 n'était pas négligeable et le général Kondratenko allait d'ailleurs se charger de la renforcer singulièrement en quelques mois.

Travaux exécutés par les Chinois avant 1894

Avant les Russes, les Chinois avaient compris quel parti on pouvait tirer de la situation naturelle de la place entourée d'un cercle de collines dont le pied, au Sud-Est, atteignait la mer.

Un ingénieur français avait été chargé des travaux de l'arsenal et du port, ceux de la défense terrestre avaient été exécutés par des Allemands.

En 1894 huit forts et deux batteries garnissaient le front de mer; du côté du nord, la défense terrestre était médiocre, un mur s'étendait à 3 kilomètres du nord de la place, adossé à quelques batteries et à des forts rudimentaires.

Occupation Japonaise 1895-1898

Pendant les trois ans d'occupation Japonaise, les vainqueurs complétèrent ces travaux. Aussi à l'arrivée des Russes en 1898 les récriminations Japonaises n'en furent-elles que plus vives. On craignit même de voir éclater la guerre.

Travaux Russes après 1898 (de 1900 à 1904) (1).

Aussitôt dans la place, les Russes se mirent à l'œuvre pour élaborer un plan de défense qui fut approuvé en janvier 1900. L'exécution commença aussitôt.

Plan de 1900 (1)

La ligne principale de défense (des forts) devait s'étendre plus loin que celle des Chinois. Elle devait s'appuyer de l'Ouest à l'Est sur les collines de 203 mètres et la chaîne du Dragon (forts de

(1) Voir: Projet de défense avec plan détaillé dans le n° 947, de la Revue militaire des Arm. Etr. octobre 1906, p. 305.
Détail des travaux exécutés. Ibid., n° 949, déc. 1906, p. 562.

Soungsouchan, de Erloungchan, Palounchan, Kikouan, Takouchan, Siaokouchan).

Du côté de la mer, des batteries puissantes devaient être installées sur la presqu'île du Tigre et la Montagne d'or.

Une route stratégique d'un développement de plus de 40 kilomètres et un chemin de fer électrique devaient relier tous ces ouvrages.

Travaux réellement exécutés en février 1904

Le général *Kondratenko* chargé de la défense de la place trouva, en février 1904, ce plan à peine ébauché.

Six forts proprement dits avaient été prévus :

I Païtouchan ;

II Kikouan Nord ;

III Erlougchan ;

IV Itséchan ;

V Tayangkou ;

VI Ouvrage du Loup Blanc.

Seul le N° IV était terminé avec deux des ouvrages destinés à servir de points d'appui (ouvrages 4 et 5) ainsi que les batteries du Kikouan Sud et Kikouan Est.

Les forts I, II et III, la batterie au sud de l'ouvrage 5, ainsi que le point d'appui N° 3 étaient presque achevés.

Kondratenko fut si actif qu'il parvint à achever presque complètement la ligne de défense principale en attendant l'arrivée des Japonais. Il organisa une ligne de défense extérieure très sérieuse.

Les hauteurs qui s'étendent en avant des forts, de la Colline de 203 mètres aux monts Takouchan et Siaokouchan, furent garnies de travaux de toutes sortes et de défenses accessoires merveilleusement combinées. En outre, trois lignes successives de défense avancée furent aménagées jusqu'à l'isthme de Kintchéou.

La place était prête à offrir une sérieuse résistance aux assaillants, lorsque les troupes de Nogi s'avancèrent vers Port-Arthur.

CHAPITRE II

PREMIÈRES OPÉRATIONS CONTRE PORT-ARTHUR. — OCCUPATION DES LIGNES AVANCÉES

Dans la nuit du 8 au 9 février 1904, la flotte russe, mouillée dans la rade extérieure avait été attaquée par une flottille de 10 destroyers japonais, *qui atteignaient 2 cuirassés et un croiseur.*

Le lendemain 9 avait lieu la 1ère attaque par les croiseurs protégés que suivirent bientôt 6 cuirassés, 5 croiseurs-cuirassés et 4 contre-torpilleurs.

Le feu des Japonais eut peu d'efficacité ; il fallait cependant s'attendre à d'autres tentatives du même genre et même au siège régulier.

Les Russes activèrent alors fièvreusement les travaux de défense, utilisant le mieux possible le répit que leur accordaient leurs adversaires.

En effet, si l'on excepte les attaques infructueuses qui se succédèrent sur mer du 14 février au 15 avril (1), les véritables opérations préliminaires du siège ne commencèrent qu'après le débarquement à Pitséouo des troupes du général Oku.

(1) Nous reviendrons sur ces opérations dans la guerre navale.

Débarquement de la IIe armée a Pitséouo

Dans les premiers jours de mai commençaient les débarquements de la IIe armée japonaise (1).

Le 7, les communications étaient coupées par des détachements envoyés à l'ouest et au sud-ouest de Pitséouo pour barrer l'entrée de l'isthme, véritable porte de la presqu'île du Kouan-toung. La voie ferrée rétablie échappa cependant encore quelques jours aux tentatives japonaises puisque le 10 mai un convoi de munitions put arriver à Port-Arthur (2). Mais le 12 elle fut de nouveau coupée et Port-Arthur ne put dès lors rester en communication avec la terre et l'armée de Kouropatkine qu'au moyen de courriers isolés ou de jonques forçant le blocus de la flotte ennemie. Encore ce moyen fut-il difficile à employer.

Quarante mille fantassins, deux cents canons, couverts par 1.800 cavaliers, allaient disputer le passage étroit de l'isthme, où les Russes avaient placé leur 1re ligne de défenses avancées.

Ces troupes, débarquées à Pitséouo et dans les baies situées plus au sud, s'avançaient lentement

(1) Avant de débarquer dans le Liao-Toung, la IIe armée était dans la baie de Tchénanpo prête sans doute à coopérer au besoin avec la 1re armée (Kuroki). Elle prenait contact avec les troupes de Kouan-Toung le 15 mai. Kuroki avait franchi le Yalou le 1er mai.

(2) D'après certains auteurs, le 8 mai. — Le dernier train emporta le Lieutenant Général Alexeief (vice-roi) qui se rendit à Moukden.

vers Kintchéou, le long du rivage oriental, tout en se couvrant vers l'ouest (1).

Le 21 mai, les 3 divisions de la 2ᵉ armée se mettaient en marche ; le 25, les Japonais étaient en face de Kintchéou.

Ils trouvaient en face d'eux :

La 4ᵉ division de tirailleurs et le 5ᵉ régiment avec cinq batteries de campagne, le tout sous les ordres

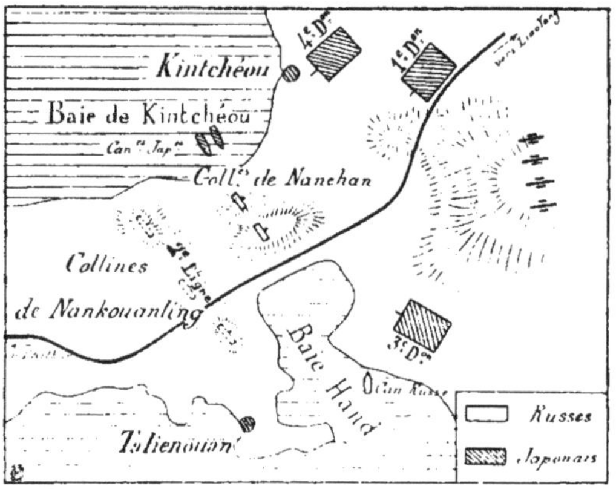

du général Fock, commandant l'infanterie de Port-Arthur.

Les Russes étaient établis sur les hauteurs de Nanchan (ou Nunchan) à l'endroit le plus étroit de l'isthme. Les hauteurs avaient été couronnées

(1) Voir compos. de la IIᵉ A. jap., son débarq. et ses opérations jusqu'à la prise de contact, 16 mai. Revue mil des Arm. Etr. n° 951, février 1907, p. 163.

de canons et de tranchées. De nombreuses défenses accessoires en garantissaient l'accès. Le long de la côte occidentale, des mines sous-marines devaient empêcher les bâtiments Japonais de coopérer à l'attaque.

Cette mesure ne devait pas suffire comme nous le verrons plus loin. Il aurait été plus efficace de faire sortir la flotte (ou une partie) sur la côte occidentale. En effet, la seule canonnière (Bobr) qui participa aux opérations de Kintchéou fut fort utile.

BATAILLE DE NUNCHAN OU DE KINTCHÉOU

Bombardement le 25 mai. — Attaque du village de Kintchéou la nuit du 25-26. 26, attaque des lignes de Kintchéou.

Après avoir préparé l'attaque par une vigoureuse canonnade, le général Oku voulut enlever d'assaut les positions de Nunchan.

Malgré le tir de 4 canonnières et de quelques torpilleurs embossés dans la baie de Kintchéou, qui prirent à revers les positions Russes, l'assaut fut infructueux, l'attaque avait été clouée sur place à 400 mètres des tranchées Russes. Mais là, comme dans tout le reste de la campagne, nous allons voir la décision et l'énergie farouche du commandement Japonais : apprenant le soir qu'une partie de ses troupes vont manquer de cartouches, au lieu de penser à la retraite, comme auraient fait les prudents généraux Russes, le général Oku donne l'ordre de l'assaut.

Le coup d'audace réussit : ce sont les Russes qui se laissent influencer par un mouvement hardi de la 3e division. Longeant le rivage, elle a esquissé un mouvement tournant et décidé du sort de la bataille. Les Japonais étaient maîtres des collines de Nunchan, mais ils avouaient 3.500 tués ou blessés. Il semble d'ailleurs que ce chiffre soit au dessous de la réalité (3.500 blessés : 700 tués).

Le lendemain les Russes, abandonnant la seconde ligne de Nankouanling, se retiraient sur Port-Arthur.

C'était permettre à l'ennemi de masquer la place avec un faible détachement.

Le général Oku allait donc pouvoir faire face au nord avec la plus grande partie de ses forces contre Stackelberg venant au secours de la place, pendant que le général Nakamoura occuperait l'entrée de l'isthme de Kintchéou en attendant le débarquement des troupes du général Nogi (IIIe armée).

Débarquement de la IIIe armée

Attaque des 2e, 3e et 4e lignes de défense avancée

L'armée de siège du général Nogi allait avancer lentement vers la place, en se renforçant progressivement, par des troupes débarquées à Pitséouo et à Port-Adams, puis à Dalny (1).

Arrivé dans ce port le 30 mai il y resta près d'un mois, prenant largement son temps pour débarquer les troupes, les approvisionnements et le matériel nécessaires (2).

Les Russes eurent donc largement le temps d'organiser, en arrière de Nanchan, les lignes successives de défense éloignée, où ils se proposaient de resister le plus longtemps possible pour retarder l'investissement de la place; tout en affaiblissant l'ennemi, ils pourraient gagner du temps pour renforcer la ligne principale de défense (3).

Le 26 juin seulement Nogi attaquait la 2e ligne (entre Kéomoutcheng et Siaopingtao) et s'en emparait. Il repoussait le 3 juillet un vigoureux retour offensif et, le 26 juillet, attaquait la 3e ligne (entre la baie de Ying-ti-tseu et celle de Ta-ke ou Tache).

Les Russes après avoir résisté victorieusement le premier jour étaient enfin refoulés sur la 4e ligne de

(1) Et même (dans la dernière période du siège) aux abords immédiats de la forteresse, dans la baie Louise et dans la baie du Pigeon (à la fin de 1904).

(2) Au commencement du siège proprement dit, l'armée de siège devait comprendre 75.000 hommes, à la fin 100.000.

Comme artillerie elle devait disposer de :

9 bataillons de forteresse;

1 brigade d'artillerie indépendante;

1 brigade d'artillerie de marine.

(3) Une circonstance heureuse servit la cause des Russes :

Les croiseurs de Vladivostok dans une de leurs croisières coulèrent le 1er équipage de siège de l'armée de Noghi au moment où il se rendait à Dalny.

défense avancée. (Colline du Loup, montagne Verte).

Cette derniere ligne de défense devait elle-même être abandonnée presque sans résistance, et dans la nuit du 8 au 9 août les Japonais arrivaient au pied des hauteurs de Takouchan et de Siaokouchan à l'Est de Port-Arthur. (Ligne de défense extérieure).

La 2 période du siège allait commencer.

CHAPITRE III

SIÈGE PROPREMENT DIT

Jusqu'alors la ville et la rade n'avaient pas été menacées par les canons Japonais. Mais le 7 août, le premier obus était tombé dans la rade. Sans doute ce bombardement à grande distance et par tir indirect effectué dans de mauvaises conditions ne devait pas être très efficace, mais il fallait prévoir le moment où le séjour de l'escadre dans la rade ne serait plus tenable.

La première conséquence de ce progrès japonais fut donc la malheureuse bataille navale du 10 août (1).

Quoi qu'il en soit les Japonais arrivaient au pied de la ligne extérieure de défense.

Ils allaient attaquer tantôt à l'Est, tantôt au Nord, tantôt à l'Ouest, semblant vouloir reconnaître les positions occupées et les forces réelles de l'adversaire.

(1) L'amiral Witheft décida de gagner Vladivostock avec les restes de l'escadre. Malheureusement Togo veillait et la sortie du 10 août se termina, après une courte bataille, par la dispersion de la 1re escadre du Pacifique. Une partie des navires Russes rentrant à Port-Arthur étaient voués à une destruction certaine. Les autres, refugiés dans des ports neutres, devaient être désarmés et rester inactifs jusqu'à la fin de la guerre.

Puis allaient avoir lieu des assauts meurtriers où des milliers d'assaillants devaient trouver une mort glorieuse mais inutile sur les innombrables fougasses ou torpilles terrestres de la défense.

Au milieu du mois d'août les Japonais disputent aux Russes le village de Souiching et commencent à débarquer dans la baie du Pigeon. Ils attaquent alors les forts du Laotichan.

Du 14 au 23 septembre, s'acharnant toujours, les Japonais sont repoussés avec de grandes pertes, en particulier sur la colline de 203 mètres (1).

1re attaque générale. — Après les attaques du 19 au 24 août, et celles du 14 au 23 septembre, fructueuses sans doute, mais sanguinaires, Nogi allait enfin se rendre compte que de pareilles lignes de défense ne seraient jamais enlevées par une attaque de front et de vive force. Il fallait approcher des forts par des travaux méthodiques.

Ouverture des tranchées, 2e attaque générale. — Du 1er au 16 octobre le bombardement fut acharné, et le 16 eut lieu encore un essai d'attaque générale (2). Mais cela n'empêchait pas les travaux de sape d'avancer.

La place n'avait plus de chance d'être secourue

(1) Ils n'auraient pu s'emparer que de deux redoutes : du Temple et du Réservoir.

(2) Admirable liaison de l'artillerie avec l'infanterie ; — mortiers en bois pour lancer des grenades, — prise de la redoute Hachimaki.

par Kouropatkine. (*Bataille du Chaho*). — Il fallait s'en emparer sans doute avant l'arrivée de la 2e esca-

TRANCHÉES JAPONAISES DEVANT PORT-ARTHUR

dre du Pacifique partie le 12 octobre de Reval, mais enfin on avait le temps de faire un siège régulier.

De nouveaux assauts eurent cependant encore

lieu (26-31 octobre), surtout contre Erlungchan et Kikouan. Ils furent repoussés. (*3e attaque générale*).

Tout en bombardant la place par un tir indirect, les Japonais perçaient toujours les galeries souterraines dirigées contre ces deux forts.

Le 17 novembre, la contre-escarpe du fort d'Erlungchan sautait.

Alors, profitant d'un renfort arrivé de Dalny, (7e division), Nogi veut essayer d'en finir. Il conduit de nouvelles attaques à partir du 24 novembre contre ces forts, et y perd environ 10.000 hommes sans réussir.

Prise de la colline de 203 mètres. — Du moins, la colline de 203 mètres attaquée en masse dès le 29, tombait le 5 décembre aux mains des Japonais.

Destruction des restes de l'Escadre. — Cette colline était un saillant fortifié, non un fort proprement dit, mais sa possession avait une grande importance, parce qu'elle donnait des vues sur l'arsenal et la partie Est de la rade. Un tir *bien réglé* sur le port et l'Escadre *devenait donc possible*; le premier objectif était atteint.

Trouée dans la ligne des Forts

Après la destruction de la flotte de Port-Arthur (1), les Japonais faisaient subir aux forts du

(1) Les Russes coulèrent, dit-on, ceux des navires que les obus japonais n'avaient pas encore atteints. — On a discuté l'inaction de cette flotte avant ce moment critique. Après la sortie du 10 août on avait débarqué les canons pour les utiliser à la défense du front de terre.

front Nord et Nord-Est un feu terrible. Les premiers assauts furent repoussés. Mais le 18 décembre ils arrivaient à s'emparer de Kikouan-Nord, puis le 28 décembre c'était le fort d'Erlungchan qui tombait entre leurs mains. Bientôt après c'était le tour de Soung Chouichan et Paloungchan. La ligne principale de défense était donc entamée.

D'autre part, la forteresse n'avait évidemment plus assez d'hommes ni de munitions pour continuer longtemps son héroïque défense.

Le dénouement était proche.

Capitulation (2 janvier)

Le 1er janvier un parlementaire russe était envoyé au Camp du Général Nogi. Le 2 la capitulation était signée.

Toute la garnison était prisonnière. Les officiers étaient autorisés à conserver leur épée. Ils pouvaient opter pour la liberté sur parole. Un télégramme du Tsar les autorisait immédiatement à le faire.

Les forts et le matériel de guerre (1) devaient être livrés aux vainqueurs dans l'état où ils se trouvaient au moment de la capitulation.

Les Japonais entraient dans la place le 13 janvier.

(1) Les Japonais trouvèrent 528 canons, 36 000 fusils, 203.000 projectiles, 5.500.000 cartouches et beaucoup de vivres et fourrages.

Que doit-on penser de ce siège ?

Malgré l'insuccès de la résistance, les troupes de Port-Arthur peuvent être fières de leur héroïque défense et de l'exemple de courage et d'abnégation qu'elles ont donné aux nations.

Depuis la bataille de Kintchéou (première opération dirigée sur terre contre Port-Arthur) sept mois s'étaient écoulés, sept mois d'attaques incessantes, et un bombardement ininterrompu avait bientôt commencé.

Sur l'effectif du début du siège (42.000 hommes environ), les Russes avaient perdu 24.000 hommes tués, blessés ou malades, soit 50 0/0.

Il ne restait plus que 26.000 hommes valides.

Les Japonais avaient sacrifié près de 60.000 hommes (1). Les pertes témoignent mieux que tous les raisonnements du monde de l'énergique résistance de la place.

Aussi doit-on considérer la peine infligée au général Stœssel, par le Conseil de guerre qui a jugé la reddition de Port-Arthur (2), plutôt comme un exemple nécessaire après des défaites, que comme le châtiment de fautes personnelles.

(1) Nogi avait perdu ses deux fils l'un à Nunchan, l'autre à l'assaut de la colline haute.

(2) Peine de mort commuée en dix ans d'internement dans une forteresse.

Il s'agissait de maintenir intangible le principe de l'honneur militaire : VAINCRE OU MOURIR.

Il n'y a qu'une façon de démontrer qu'on a fait tout ce qu'il était possible de faire : c'est de résister jusqu'au dernier homme.

Quoiqu'il en soit la prise de Port-Arthur allait avoir de graves conséquences.

La flotte de Rodjestvensky arrivée à Madagascar ne pouvait plus compter que sur le point d'appui de Vladivostock bloqué par les glaces en hiver, et en tout cas d'un accès dangereux, au centre de l'arc de cercle menaçant formé par les côtes du Japon.

Tous les passages qui donnent accès à Vladivostock étant faciles à surveiller, la bataille était inévitable.

Dans quel état Rodjestvensky y parviendrait-il, après une aussi longue traversée ?

Enfin la IIIe armée devenait disponible et allait pouvoir se joindre aux trois autres pour la campagne de 1905.

Campagne de 1905

CHAPITRE PREMIER

L'Hivernage. — Opérations du mois de janvier 1905

Nous avons vu que la bataille du Chaho n'avait pas été plus décisive que les précédentes. L'armée Russe avait pu se replier en bon ordre et s'était installée pendant l'hiver en face des Japonais, les fronts des deux armées se moulant l'un sur l'autre.

Les deux adversaires pensaient plutôt à se protéger contre le froid qu'à combattre.

Le 18 novembre, les Japonais avaient bien tenté une attaque de la colline Poutilov, qu'ils ne se résignaient pas à laisser aux Russes. Puis le 27 du même mois, ils avaient tenté d'avancer dans les montagnes du haut Taïtsé-ho et du Koun-ho (1), fleuve de Fouchoun et Moukden. Par la route de Saïmatsé à Tiéling qui traverse cette région, ils pouvaient menacer la retraite de l'armée Russe et en même temps

(1) Koun-ho ou Kouen-ho.

l'isoler de Vladivostock. Mais la cavalerie de Rennenkampf veillait. Elle les arrêta.

Campagne de 1905 — Situation en janvier.

En décembre la division des troupes Russes en trois armées était difinitivement réglée, (généraux Liniévitch, Grippenberg et Kaulbars, le général Kouropatkine commandant en chef).

Pendant ce temps l'Escadre de Rodjestvensky stationnait à Madagascar (1) et la 3e escadre du Pacifique se formait sous la direction de l'amiral Birilef, pour aller la rejoindre.

Situation en janvier 1905

L'armée de Kouropatkine s'était bien renforcée depuis octobre. En janvier elle comprenait environ :

300.000 hommes ;
14.000 cavaliers ;
1.200 pièces de canon ;
88 mitrailleuses.

Son artillerie était notablement supérieure à celle des Japonais (2).

(1) En hiver elle n'aurait pu arriver à Vladivosvock.
(2) Un tiers en plus.

Aussi Kouropatkine se proposait-il de passer bientôt à l'offensive. Mais la Russie ne pouvait être victorieuse sans être maîtresse de la mer.

En effet, les Japonais n'avaient sans doute plus la supériorité matérielle (environ 300.000 hommes comme les Russes; 900 canons seulement à opposer aux 1.200 de Kouropatkine).

Mais l'avantage leur restait pour la facilité des communications. Inkéou était une base précieuse à l'embouchure du Liao-ho, et la ligne de chemin de fer Fousan, Séoul, Wiju, Liaoyang était activement poussée (1).

Ils n'avaient plus de flotte devant eux pour gêner leurs transports, tant que Rodjestvensky ne serait pas arrivé.

A tout prendre la situation leur était donc plutôt favorable.

En Europe, à défaut de nouvelles précises, les journaux discutaient les chances de la prochaine rencontre.

Raid de Nioutchouang

Dans le calme de l'hivernage, le raid de 7.000 cavaliers Russes poussant une pointe vers Nioutchouang

(1) Chemin de fer à voie normale prolongé par une voie étroite de Séoul à Wiju.

(ou Inkéou), devait donc prendre des proportions considérables aux yeux du public.

La cavalerie du général Mitschenko couvrait la droite Russe entre le Liao-ho et le Houn-ho.

7.000 cavaliers avec 30 canons et 4 mitrailleuses étaient partis le 11 janvier, pour atteindre Nioutchouang, y détruire des magasins et surtout essayer de couper la voie ferrée sur les derrières de l'armée japonaise. Il fallait retarder le transport des 60.000 hommes du général Nogi, devenus libres après la capitulation de Port-Arthur.

Encombré d'un lourd convoi, Mitschenko ne put aller assez vite, et ne parvint qu'à brûler quelques magasins à Nioutchouang.

OFFENSIVE DE LA IIe ARMÉE RUSSE EN JANVIER

BATAILLE DE SANDEPOU *(25, 26, 27, 28 janvier)*

Peu de jours après le raid de Nioutchouang se livrait à l'aile droite Russe, la bataille de Sandepou.

Cette tentative d'offensive de la IIe armée Russe (général Grippenberg), bientôt repoussée, ramenait les deux adversaires à leurs positions primitives.

En elle-même elle ne devait avoir d'autres conséquences matérielles que des pertes énormes de part et d'autre. Elle coûtait aux Russes 12.000 hommes et aux Japonais 7.000.

CHARGE DE COSAQUES DANS UN VILLAGE
(d'après l'*Illustration*)

Mais ses conséquences morales devaient être considérables pour le commandement Russe, à la suite d'un vif désaccord survenu entre Kouropatkine et Grippenberg (1). Ce dernier était rappelé à Saint-Pétersbourg. Il y arrivait le 16 février, et Kouropatkine conservait provisoirement son commandement. C'est seulement après la bataille de Moukden, qu'il fut placé sous le commandement de son ancien subordonné Liniévitch.

A la même époque une révolution intérieure vient ajouter une note de deuil à l'histoire de notre alliée. Les véritables amis de la Russie commencent à trembler pour son sort.

(1) Grippenberg reprochait à Kouropatkine de ne pas l'avoir soutenu au moment où la situation était favorable. — Le généralissime reprochait à son subordonné de s'être engagé trop loin et d'être cause des pertes inutiles subies dans cette bataille.

CHAPITRE II

MOUKDEN

REPRISES DES HOSTILITÉS A LA FIN DE FÉVRIER

Préliminaires de Moukden

Après un mois d'expectative ou d'immobilité, Kouropatkine s'apprêtait à prendre l'offensive avec ses 300,000 hommes, lorsque les Japonais, ayant reçu tous leurs renforts, devancèrent une fois de plus l'exécution des projets du commandement Russe.

Le 19 février, l'armée japonaise formait un vaste demi-cercle, de Pensikou à Tchantan en passant par Fandiapou et Linsipou.

A droite était Kuroki (1re armée), au centre Nodzu, (IVe armée), entre Fendiapou et la voie ferrée; Oku (IIe armée) était à gauche. La IIIe armée, Nogi était en arrière de la IIe armée, en échelon sur la gauche, à hauteur de Liao-Yang.

Une Ve armée (Kawamura) était au Nord-Est de Saïmatsé sur le haut Taïtsé-ho.

Les forces Japonaises s'élevaient à :

350.000 hommes ;
1.100 canons (dont près de 200 lourds).
200 mitrailleuses.

Kouropatkine avait résolu d'attaquer leur droite, de façon à les tourner vers Liao-Yang.

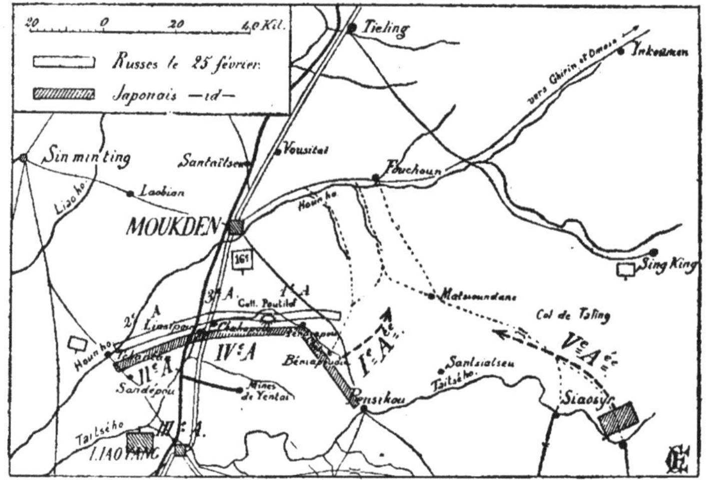

Mais avant l'exécution de ce projet, les Japonais attaquaient eux-mêmes dès le 20 février.

Offensive à l'Est (1re phase)

La Ve armée, (général Kawamura) avançait vers le Nord-Ouest puis vers le Nord, dans la direction de Fouchoun.

C'étaient les préliminaires de la grande bataille

de Moukden, ou plutôt de l'ensemble de combats qui se déroulèrent sous Moukden du 20 février au 9 mars, et même jusqu'au 11, si l'on veut comprendre dans la bataille la poursuite esquissée par les Japonais pour la première fois depuis le commencement de la guerre.

Bataille de Moukden

Le mouvement de la Ve armée devait d'abord réussir, grâce à un acharnement invraisemblable. Malgré les défenses accumulées, les Russes durent d'abord reculer jusqu'à Matsioundane ; mais là des renforts leur permirent d'arrêter les ennemis exténués à partir du 1er mars.

Kuroki avait lui aussi prononcé son attaque, dans l'intervalle entre Matsioundane et Béniapoutsa (ou Bandiapoutsa). Mais son mouvement, commencé le 25, avait été aussi arrêté par les troupes de la 1re armée russe (Liniévitch), à partir du 1er mars.

2e phase. — Offensive de la IIIe armée (de Nogi)

Tandis que l'action semblait devoir se dérouler tout entière dans la région de l'Est, la IIIe armée qui n'avait pas encore fait parler d'elle, se mettait en mouvement.

Le maréchal Oyama avait décidé d'attaquer la droite russe pour menacer son flanc vers Sin-Min-Ting. Arrivée le 28 février sur la ligne de bataille, la IIIe armée devait exécuter le classique mouvement tournant, appuyé comme toujours par de trompeuses attaques de front et une vigoureuse canonnade.

Les Japonais réussissaient donc :

1° à attirer les forces russes disponibles dans la direction de l'est.

2° à maintenir sur place les troupes du centre, pendant que tout l'effort allait se porter sur la droite russe.

Canonnade du centre

Le 28 février la canonnade commença donc particulièrement contre les collines Poutilov et Novgorod.

Pendant ce temps, la IIIe armée japonaise faisait reculer Kaulbars (2e armée).

Sin-min-Ting était évacué le 2 au soir, et la droite russe faisait un crochet en arrière. Mais ce recul se faisait en bon ordre; le moral des troupes russes n'était nullement affaibli. Il semble même que Kouropatkine ait préparé une contre-attaque contre la IIIe armée. Si bien que le sort de la bataille aurait pu changer avec un chef plus résolu que lui.

3 et 4 mars. — En effet le maréchal Oyama, croyant, dès le 2, comme Nogi, que la bataille était gagnée, lui avait ordonné de pousser le plus possible vers le Nord et la IIIe armée avait étendu son front d'une façon tellement exagérée qu'une vigoureuse offensive russe aurait pu lui être funeste.

Il est vrai que Kouropatkine ne pouvait pas savoir la profondeur du dispositif ennemi et sa force.

Une fois de plus sa volonté allait être paralysée par la crainte du mouvement tournant, d'autant plus que le centre et la droite japonaise manifestaient une activité inquiétante. Il n'osait dégarnir sa gauche pour écraser Nogi.

Le centre avait commencé de véritables travaux de siège contre les collines Poutilov et Novgorod. Les Japonais employaient les gros canons de Port-Arthur, dont le tir avait été merveilleusement préparé (observatoires bien placés).

Mais la défense Russe n'était pas moins remarquable. En avant de ces positions avaient été accumulées d'importantes défenses accessoires.

Aussi les violents assauts des 2, 3, 4, 5 et 6 mars échouèrent tous, sauf à proximité du chemin de fer, où la 6e division japonaise avait occupé, le 7 au matin, une redoute prise au 17e corps.

3e *phase.* — Bien que n'ayant pas subi de véritable échec, les Russes reculaient cependant le 7 et dans la nuit, Kouropatkine redoutant d'être coupé, laissait avancer les Japonais sur le front sud.

Il est vrai que le mouvement de la IIIe armée japonaise s'était singulièrement accentué. La IIe armée l'avait appuyé. Elles formaient un arc de cercle menaçant à l'ouest de Moukden, sur la ligne Chahopou, Madiapou, Nioutsiantoun, Santaïtseu (1).

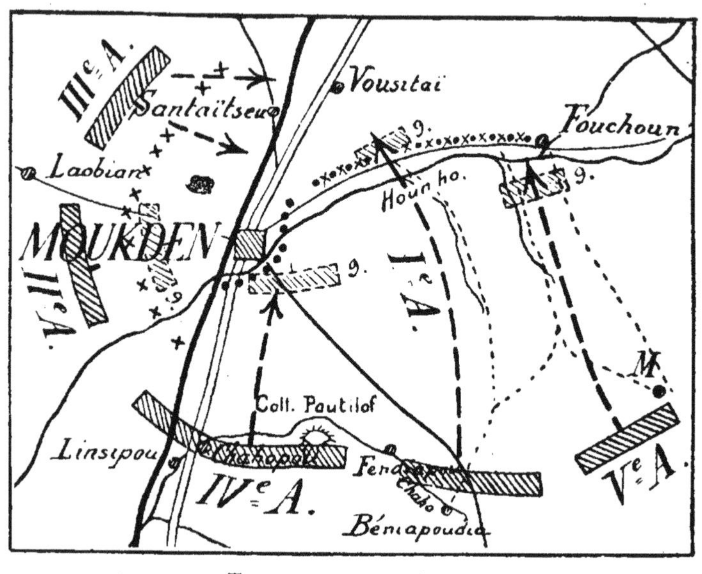

Japonais le 7 mars au soir.
9. Japonais le 9 mars au soir.
×•×•×•× 1^e A. Russe : Position de repli, 8 au soir.
××××× 2^e A. Russe du 7 au 9 (soir)
.... 3e A. Russe : Pos^on de repli, le 8 au soir.

Mais les Japonais étaient exténués. La retraite des Russes ne semble donc pas avoir été urgente

(1) Nous avons expliqué plus haut que cette extension vers le nord avait été acquise au détriment de la densité, Kouropatkine laissa cependant passer l'occasion et décida la retraite.

dès le 7; une vigoureuse résistance aurait pu au moins les maintenir sur place.

Les Russes du front sud, 1e et 3e armées, gagnèrent facilement la rive droite du Houn-ho où des travaux de défense avaient été exécutés auparavant.

Ils ne devaient d'ailleurs pas pouvoir y rester longtemps, car cette fois la poursuite fut exécutée. Malgré les fatigues énormes imposées aux troupes depuis le commencement de la bataille, l'énergique général Kuroki atteignait bientôt la ligne de résistance Fouchoun-Fouling.

C'est à ce moment que Kouropatkine, menacé au Nord-Ouest et à l'Est, télégraphia au tsar:

« J'ai l'honneur d'informer Votre Majesté que je suis cerné ! »

En effet, Nogi avait reçu l'ordre de percer coûte que coûte au N. O. de Moukden, et le 8 au soir il atteignait presque la station de Vousitaï. Heureusement, les corps opposés à Oku et Nogi résistèrent héroïquement et, bien que sérieusement menacée, l'armée Russe put échapper une fois de plus à l'étreinte Japonaise.

Retraite sur Tiéling.

Soirée du 9 mars.

Le 9, l'ordre de la retraite sur Tiéling était donné à l'armée Russe.

Certes, les Japonais purent lui infliger des pertes sérieuses : par exemple à cette colonne Hauenfeld qui, en un moment, eut 5.000 morts et 12.000 prisonniers. Mais la plupart des troupes en retraite purent échapper, malgré les récits mensongers des agences qui annoncèrent la capture de cent à deux cent mille prisonniers et de nombreux canons.

Bilan de la bataille *(10 au soir)*.

Au total, il n'y avait, le 10 au soir, que 19.000 Russes prisonniers. 58 bouches à feu étaient abandonnées ; 80.000 hommes avaient été tués ou blessés.

Cette fois, les Japonais avaient subi des pertes moitié moindres : (40.000 hommes hors de combat).

CHAPITRE III

DERNIÈRES OPÉRATIONS AVANT TSOUSHIMA

SITUATION APRÈS MOUKDEN. — ABANDON DE TIÉLING

Le 14, la plus grande partie de l'armée Russe était rassemblée dans un désordre extrême aux environs de Tiéling (1). Il ne manquait plus qu'une partie de la 3e armée.

Mais les Japonais s'approchant, il fallut se décider à un nouveau recul.

La 3e armée fut envoyée à hauteur de Kaïyuïen pendant que les 1re et 2e résistèrent sur Tiéling. Ensuite, elle se mirent elles-mêmes en marche, gagnant la région de Sipinkaï, où elles devaient jouir d'un calme relatif pour se reconstituer.

La marche des Japonais fut sérieusement retardée par la destruction des ponts des nombreux cours d'eau (2) que rencontrent la route et le chemin de fer et l'armée Japonaise ne pouvait remonter résolu-

(1) Les trois armées avaient été disloquées pour faire face à l'enveloppement. Des fractions avaient été empruntées aux 1re et 3e armées pour renforcer la 2e. Il n'y avait plus d'unités, mais des « détachements ».

(2) Celui du Houn-ho a 7 arches. Celui du Taïtsého en a 5. On conçoit que la destruction de ces ponts ait été une cause de sérieux retard dans la poursuite.

ment vers le nord avant qu'ils eussent été rétablis. Son ravitaillement eut été impossible.

De plus, et peut-être était-ce là une raison essentielle, les deux adversaires devaient comprendre que la prochaine bataille entre Togo et Rodjestvenski allait exercer une influence décisive sur l'issue de la Campagne.

On se rendait compte que toute effusion de sang au nord de Moukden serait un luxe inutile si Togo parvenait à détruire la 2e escadre du Pacifique.

Conséquences de la bataille de Moukden

Cette fois, le moral de l'armée Russe était réellement atteint. Le deuxième coup décisif lui avait été porté après la chute de Port-Arthur.

Kouropatkine perdait le commandement en chef (donné à Liniévitch) et devait rentrer à Saint-Pétersbourg, mais ce brave soldat, qui n'avait pas eu le bonheur d'avoir les inspirations d'un grand capitaine, demandait l'autorisation de rester sur la brèche pour commander la 1re armée sous les ordres de son ancien subordonné.

Liniévitch, pas plus que Kouropatkine, ne devait rétablir la situation au profit de l'armée Russe, tant que l'empire de la mer resterait au Japon.

TYPE DE COSAQUE (d'après *l'Illustration*)

2e Raid de Mitschenko, a l'ouest de Tiéling (*16-23 mai 1905*).

Avec deux divisions de cavalerie, deux batteries à cheval, Mitschenko avait reçu l'ordre de reconnaître les forces ennemies de l'aile gauche Japonaise.

Parti le 16 mai de Liaoyangvopien il contournait les forces Japonaises, le 19 il dispersait un régiment d'infanterie; ayant accompli sa mission il rebroussait chemin le 20 et traversait de nouveau le Liaoho, le 23 mai.

Il n'avait perdu que 34 hommes et 2 officiers. En outre il avait 150 blessés.

Le butin compensait les pertes (2 mitrailleuses prises le 19, et rafle de 20 voitures et 200 chevaux).

La 6e armée Japonaise au nord de la Corée, (*Général Hasegava*).

Une 6e Armée Japonaise (Général Hasegava), débarquée en février, avait reçu pour mission de faire évacuer la Corée septentrionale par les cosaques qui semblaient vouloir menacer la ligne de communication Japonaise (au sud-est des armées d'Oyama); mais les opérations de cette 6e armée furent peu importantes. (Affaire de Kildjiou, 31 mars).

Opérations contre Vladivostock

Les opérations contre Vladivostock furent également insignifiantes, quoique la ville ait été déclarée en état de siège par les Russes.

Nous verrons plus loin la merveilleuse situation naturelle de la rade. Depuis le début de la guerre de grands travaux avaient été faits pour améliorer le port et jusqu'au dernier moment Rodjestvensky put espérer y trouver un abri confortable, après sa longue traversée.

Les deux armées gardèrent donc sensiblement l'expectative après Moukden attendant sur mer la solution du conflit. Cependant des deux côtés les renforts ne cessèrent d'affluer et nous verrons que même après *Tsoushima* les Japonais cherchèrent à compléter leurs succès par la conquête de Sakhaline.

ÉTENDARD DE CAVALERIE JAPONAISE ET SA GARDE

Le Cuirassé *Pobiéda*

Guerre Navale

CHAPITRE PREMIER

Forces en présence

A la nouvelle des événements de Port-Arthur et de Chemulpo, puis des succès japonais sur le Yalou, ce ne fut qu'un cri en France :

« Lorsque les Russes auront pu transporter sur le théâtre de la guerre leur puissante armée, ils rejetteront à la mer ces impudents Japonais ; Kouropatkine réparera sur terre les échecs de la flotte ».

Le gouvernement russe lui-même semble avoir partagé ces illusions et ne s'être décidé que fort tard à renforcer la flotte de Port-Arthur et, après sa destruction, à la remplacer.

Ce n'est que dans les milieux maritimes, et chez de rares esprits perspicaces, qu'on trouva dès le début le sentiment de la réalité, la compréhension du caractère maritime qu'allait revêtir la lutte engagée. Aussi le livre du commandant Klado fut-il pour une partie du public une véritable révélation. Enfin la bataille de Tsoushima devait malheureusement convaincre les sceptiques de ce fait que *la situation géographique du théâtre de la guerre rendrait infailliblement victorieux le maître de la mer.*

Le Japon étant une île devait être inattaquable chez lui tant que sa flotte serait victorieuse.

Il aurait été au contraire réduit à l'impuissance si sa flotte n'avait pu protéger ses transports de troupes, d'approvisionnements et de matériel contre les entreprises des navires ennemis.

Mais l'opinion publique se serait-elle encore rendu compte de la situation qu'elle n'aurait pas prévu l'issue de la guerre. Il aurait semblé monstrueux d'admettre, au début de 1904, que la Russie serait battue sur terre comme sur mer, par le Japon, pays que les nations civilisées plaçaient dans leur imagination à peine au-dessus des Chinois. Sa flotte évoquait le souvenir de jonques aux formes bizarres que représentent les enluminures des objets laqués ou la soie des paravents.

La statistique officielle plaçait elle-même la marine russe bien au-dessus de la marine japonaise :

La Russie occupait le 4e rang avec 514.000 tonnes, après l'Angleterre, la France et les Etats-Unis.

Le Japon occupait le 7e rang après l'Allemagne et l'Italie.

Beaucoup de gens avaient déjà oublié la remarquable vigueur dont il avait fait preuve en 1894 contre la Chine. On avait oublié aussi, ou on ignorait que les chantiers anglais venaient de lui fournir de puissants cuirassés et de bons torpilleurs.

A ce point de vue la lecture de livres ou d'articles antérieurs à la guerre est fort suggestive. Ces livres révélaient une transformation complète du peuple japonais, admirable imitateur de ses maîtres d'occident, mais le public d'Europe ne voulait pas croire aux inquiétants progrès de l'élève. Des détails ridicules faisaient négliger les solides qualités de l'ensemble. Quelle surprise ce pays réservait au jugement erroné de l'Europe!

Forces navales de la Russie

La flotte russe d'Extrême-Orient avait été renforcée depuis 1894 (en 1900 et 1903).

Au début de la guerre elle était sensiblement égale à la flotte japonaise (1).

(1) 72 bâtiments d'un déplacement total de 192.276 tonnes. Pour les bâtiments restés dans la Baltique, voir Daveluy, p. 69.

De plus une division de renfort était dans la mer Rouge à destination de Port-Arthur (1).

A *Port-Arthur*, (vice-amiral Starck).

7 cuirassés : 4 de 13.000 tonnes, 18 nœuds. 3 de 11.000 tonnes, 16 nœuds (*Peresviet, Podbieda, Retvisan, Cesarewitch, Petropavlosk, Sevastopol, Poltava*).

1 croiseur cuirassé (Bayan) 8.000 tonnes, 20 nœuds.

5 croiseurs protégés, 3 à pont cuirassé (*Askold, Diana, Pallada*), 2 sans cuirassement (*Novik* et *Boyarin*).

25 contre-torpilleurs.

8 torpilleurs.

A *Vladivostock*, (amiral Jessen), *3 croiseurs cuirassés* : 3 de 10.000 tonnes. 18 nœuds (*Rurik, Rossia, Gromoboï*).

1 croiseur à pont cuirassé (Bogatyr).

6 torpilleurs.

A *Chemulpo*, le *Varyag*, croiseur à pont cuirassé, et la canonnière *Koreïetz*, destinés à assurer la neutralité du port de Chémulpo (2).

A *Inkéou*, 1 canonnière.

A *Shanghaï*, la canonnière *Mandjour*.

(1) L'amiral Wirenius fut rappelé par crainte d'une surprise, les croiseurs argentins, Nisshin et Kasuga achetés par le Japon, étant passés devant eux.

(2) Ainsi que 3 autres bâtiments européens (*Pascal, Talbot, Elba*).

Cette flotte, dite Escadre du Pacifique composée de navires récents aurait pu être redoutable, mais sa dispersion et son manque d'entrainement devaient l'amener à subir presque passivement les attaques Japonaises.

Points d'appui de l'Escadre du Pacifique. — Les Russes disposaient, en Extrême-Orient, de deux bases navales :

Port-Arthur et Vladivostock.

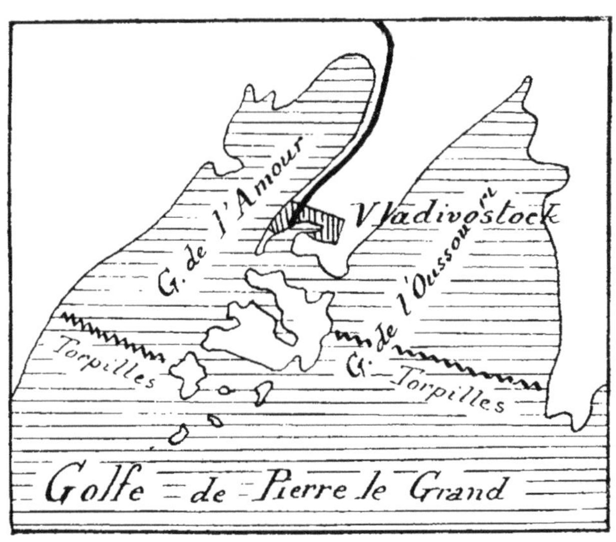

Nous avons vu dans la défense de Port-Arthur, la magnifique situation du port. Malheureusement, on n'avait consacré à l'organisation de sa défense, que

4 millions de roubles (1) au lieu de 15.000.000 qui avaient été prévus. Et cependant, l'histoire a prouvé quel parti on pouvait en tirer. Une attitude active de l'escadre, celle que l'amiral Makarof avait rêvé d'adopter, aurait pu empêcher ou au moins gêner les débarquements Japonais ; c'était sauver à la fois Port-Arthur et l'armée de Kouropatkine. Malheureusement, les rôles respectifs de la flotte et de son point d'appui furent intervertis. On défendit la place pour elle-même, on lui sacrifia la flotte.

Quand à Vladivostock, sa situation au point de vue de la défense était au moins aussi favorable ; au lieu de la passe étroite et peu profonde de Port-Arthur, Vladivostock a deux passes, mais étant situé plus au Nord que Port-Arthur, il est bloqué par les glaces quatre mois par an.

Flotte Japonaise

La flotte Russe allait avoir à lutter contre un rude adversaire. Après l'humiliation de 1895, le Japon avait voté un vaste programme de constructions navales, si bien qu'au commencement de 1904 il possédait :

6 cuirassés dont : 4 de 15.000 tonnes (*Asahi,*

(1) Le rouble vaut environ 4 francs.

Mikasa, Hatsusé, Shikishima) ; 2 de 12.000 tonnes (*Fuji* et *Yashima*) (1).

6 croiseurs cuirassés de 10.000 tonnes environ, vitesse 21 à 22 nœuds (*Yakuma, Idzumo, Iwate, Asama, Tokiva, Adzuma*), en outre le *Nisshin* et le *Kasuga*, achetés à la République-Argentine, arrivèrent après l'ouverture des hostilités.

14 croiseurs protégés : 7 de 4 à 5.000 tonnes ; 7 de 3.000 tonnes.

5 avisos.

14 canonnières.

19 contre-torpilleurs.

49 torpilleurs de 1re classe.

29 torpilleurs de 2e classe.

Enfin une flotte de commerce nombreuse devait singulièrement faciliter leurs transports de troupes et leur ravitaillement.

Comparaison des deux flottes

La flotte russe avait donc sur celle des Japonais l'avantage d'un cuirassé.

Elle était nettement moins riche en croiseurs et surtout en torpilleurs.

La légère supériorité de la flotte cuirassée était-

(1) Plus un vieux cuirassé, le *Chinyen*, de 7.000 tonnes et deux garde-côtes de 2.400 tonnes, tous trois pris à la Chine.

elle d'ailleurs réelle ? La 2e partie du tableau suivant révèle la force de l'artillerie japonaise.

Comparaison des deux Flottes en février 1904

		Russes	Japonais
Cuirassés..........		7	6
Croiseurs cuirassés.	1 à P.-A. 3 à Vlad.	4	6 2 à venir
Croiseurs protégés.	5 à P.-A. 1 à Vlad. 1 à Che.	7	14
Contre - Torpilleurs ou Destroyers......		25	5 avisos 19 contre-torp.
Torpilleurs........	8 à P.-A. 6 à Vlad.	14	49 de 1re classe 29 de 2e classe

Comparaison des Artilleries

		Russes à P.-A.	Russes à Vlad.	Japonais
Pièces de Gros calibre.. (305, 254, 203)	Cuirassés ..	28	»»	24
	Crois. cuir.	2	12	24
	Total....	42		48
Pièces de Moyen calibre (152 m/m)	Cuirassés ..	82	»»	76
	Crois. cuir.	8	48	80
	Crois. prot.	38	12	125
	Total....	188		281

L'artillerie des croiseurs cuirassés japonais promettait donc de lutter avec avantage contre les cuirassés russes.

(1) Nous comptons les canons du Varyag avec ceux des croiseurs de Port-Arthur.

D'ailleurs la flotte japonaise opérant près de ses nombreux arsenaux pouvait se présenter au combat toujours en bon état.

Les arsenaux de Kouré et de Sasébo sont fort bien organisés, celui de Kouré est particulièrement bien défendu.

De plus la flotte russe était dispersée et sans défiance au moment de l'ouverture des hostilités, ce qui devait lui réserver une terrible surprise.

CHAPITRE II

OPÉRATIONS DE LA PREMIÈRE ESCADRE DU PACIFIQUE

ATTAQUE DU 8 AU 9 FÉVRIER 1904

La flotte japonaise, sous le commandement de l'amiral Togo, avait levé l'ancre à Sasébo le 7 février, le jour même où M. Kurino quittait Saint-Pétersbourg. Elle avait un double objectif : Port-Arthur et Chemulpo.

A Port-Arthur 10 contre-torpilleurs japonais précédant le gros de la flotte japonaise arrivaient le 8 à minuit dans la rade extérieure et mettaient hors de combat le *Retvisan*, le *Césarévitch* et le *Pallada* (1).

Le lendemain dans la matinée, l'escadre de l'amiral Togo se présentait devant la place.

L'amiral Stark faisait une timide sortie sous la protection des forts. Après 40 minutes de combat à 3 kilomètres, les navires japonais se retiraient.

Du moins, ils avaient encore endommagé 1 cuirassé et 2 croiseurs.

(1) Cette attaque de 10 contre-torpilleurs aurait dû amener un désastre complet. Mais, au dire des marins français qui se trouvaient en Extrême-Orient à ce moment, les Japonais auraient manqué de sang-froid dans cette attaque et auraient laissé sur les torpilles les cônes protecteurs qui empêchent les explosions prématurées avant le lancement.

A Chemulpo l'attaque était dirigée par l'amiral Uriu. Le croiseur cuirassé *Asama* et quatre croiseurs protégés escortés de cinq contre-torpilleurs attaquaient le croiseur russe *Variag* et la canonnière *Koreïetz* en présence de plusieurs navires Européens (1), notamment du croiseur français *Pascal* ; ils mettaient hors de combat le *Variag* qui se faisait couler plutôt que de se rendre, ainsi que la canonnière *Koreïetz*. Les équipages se réfugiaient à bord du *Pascal*.

Le 9 au soir, les Russes ne pouvaient donc plus disposer momentanément que de 11 navires de combat :

A Port-Arthur : 4 cuirassés, *Pétropavlosk*, *Poltava*, *Péresviet* et *Pobieda* ; 1 croiseur-cuirassé, *Bayan* ; 2 croiseurs protégés, *Diana*, *Boyarin*.

A Vladivostok ; les trois beaux croiseurs-cuirassés de 10.000 tonnes, *Rossia*, *Rurik*, *Gromoboï* et le *Bogatyr*.

Sans avoir anéanti l'escadre ennemie, l'amiral Togo avait donc fait de bonne besogne.

Il avait surtout atteint son moral et imposé l'immobilité à l'amiral Stark qui ne pourrait plus inquiéter les transports stratégiques de l'armée de Kuroki, puis de celles d'Oku, Nodzu et Nogi.

(1) *Talbot* (Anglais), *Elba* (Italien).

Opérations de l'amiral Togo contre Port-Arthur pour assurer l'immobilité de la flotte russe. — Première tentative d'embouteillage.

Pour plus de sûreté, l'amiral Togo voulait tenter contre l'escadre russe l'embouteillage que les Américains avaient employé à Santiago de Cuba dans la guerre avec l'Espagne.

La passe qui donne accès dans la rade de Port-Arthur est étroite et peu profonde.

A marée basse, le chenal n'a que 6 m. 50 de profondeur, 9 à marée haute ; or les gros navires calent 7 à 8 mètres.

Cette circonstance fixant la sortie et la rentrée de l'escadre à des heures déterminées lui enlève donc une partie de sa liberté d'action :

De plus ce chenal, déjà naturellement étroit 80 mètres), était partiellement obstrué par l'échouement du *Retvisan* depuis l'attaque du 8 au 9 février (1).

La tentation devait donc être forte pour les Japonais de l'obstruer complètement en coulant quelques navires sacrifiés.

(1) Les navires russes se trouvaient en effet dans la rade extérieure au moment de cette attaque.

1re tentative. Dans la nuit du 24 février, cinq vapeurs chargés de charbon et de pierres, arrivaient en vue de la passe, escortés par 9 contre-torpilleurs.

Chaque vapeur était monté par un officier et quelques hommes. On devait les amener dans la passe sans attirer l'attention et les couler à l'emplacement voulu.

Mais les projecteurs électriques de la défense les découvrirent à bonne distance et les canons russes les coulèrent avant leur arrivée à destination. La passe restait libre.

24-25 février. Des torpilleurs et des croiseurs japonais tentèrent une nouvelle attaque du port. Ils se retirèrent après avoir exécuté une canonnade absolument inefficace contre les batteries russes, à 14 kilomètres.

26 février. Le 26 même opération aussi infructueuse. Voyant sans doute le danger de s'aventurer sous le feu des batteries de côte, pour exécuter un tir si peu efficace, Togo devait disparaître jusqu'au 10 mars. Peut-être aussi commençait-il à s'inquiéter de la récente croisière des croiseurs de Vladivostock.

1er Raid des croiseurs de Vladivostock (10-14 février)

Partis le 10 sous les ordres du capitaine de vaisseau Reitzenstein, ils avaient coulé le transport

Nakonoma-Maru, rencontré le 11 février dans le voisinage du détroit de Tsougarou. Ils étaient de retour le 14. Si peu fructueuse que soit cette croisière, elle avait jeté l'alarme dans la mer du Japon que devaient sillonner les transports militaires.

ARRIVÉE DE L'AMIRAL MAKHAROF A PORT-ARTHUR

A Port-Arthur les choses allaient prendre une nouvelle tournure. L'amiral Stark était remplacé par l'amiral Makharof, homme hautement apprécié dans toute l'Europe. Arrivé le 8 mars, il avait aussitôt entrepris de remonter le moral des équipages par de fréquentes sorties, dans l'espoir de faire jouer ensuite à son escadre le rôle actif qui lui convenait.

Attaques du 10, du 11 mars, des 21 et 22 mars.

Cependant les Japonais reparaissaient le 10 et le 11 mars et opéraient toujours un bombardement infructueux. Le 21 et le 22 nouvelle attaque; 6 cuirassés et 12 croiseurs exécutent un tir indirect sur la ville. Mais la flotte Russe les force à reculer.

Cette attaque semble coïncider avec un débarquement important de troupes de la 1re armée à Chémampo, au nord-ouest de Séoul. Pour qu'il réussit il fallait occuper la flotte Russe à Port-Arthur, et même renouveler la tentative d'embouteillage.

Nouvelle tentative d'embouteillage, *26-27 mars*

Aussi 4 vapeurs chargés de charbon et de pierres et accompagnés de torpilleurs et de contre-torpilleurs, étaient de nouveau dirigés contre Port-Arthur pour être coulés dans la passe. Après cette dernière tentative la largeur du chenal était légèrement diminuée. Mais le lendemain l'amiral Makharof n'en pouvait pas moins opérer une sortie, allant au devant des navires Japonais qui passaient au large.

Période d'accalmie, *27 mars-12 avril*

Jusqu'au 12 avril l'amiral Togo ne devait plus faire parler de lui. Mais à partir du 13 avril allait commencer une nouvelle tactique.

Mines sous-marines

Dès le 10 mars, 9 torpilleurs Japonais semblent avoir commencé à poser des mines sous-marines (1).

(1) Les mines sous-marines sont des engins contenant une forte charge de fulmi-coton fixées à un flotteur, qui les maintient à la profondeur voulue, tandis qu'un corps mort ou *Crapaud* les fixe à l'endroit où on prévoit le passage des navires ennemis. — Souvent les câbles se rompent par les fortes tempêtes et les mines vont à la dérive, pouvant heurter au hasard navires amis, ennemis ou neutres.

Dans la nuit du 11 au 12 avril ils purent opérer en toute sécurité ; favorisés par une nuit sans lune, ils échappèrent à la surveillance des projecteurs.

Le 13 avril l'amiral Makharof sortit au devant de la 3e escadre (6 croiseurs cuirassés) ; par un hasard inexplicable, il passa au travers du barrage de mines sans le heurter. Mais la 1re escadre dissimulée dans la brume (6 cuirassés) lui tendait un piège. L'amiral Makharof voyant le danger, revint sur Port-Arthur pour ne pas être coupé.

Le retour fut moins heureux : au moment où l'escadre arrivait sous la protection des batteries de côte, une formidable explosion faisait couler le *Pétropavlosk* à bord duquel était l'amiral.

En moins de trois minutes le cuirassé disparut.

Une autre torpille avait fait une grave avarie au cuirassé *Pobiéda* qui cependant pouvait rentrer au port.

La mort de l'amiral devait entraîner l'inaction de la flotte jusqu'au moment où le tir des batteries du corps de siège rendit intenable le séjour des navires dans la rade.

3e Tentative d'embouteillage

Les Japonais allaient d'ailleurs faire une nouvelle tentative d'embouteillage et exécuter plusieurs bombardements successifs.

Le 3 mai, 12 vapeurs chargés de ciment furent dirigés sur la passe. Malgré les précautions prises par la défense (torpilles de blocus mouillées à l'entrée de la rade, estacade protectrice, installation de nouveaux projecteurs) la tentative réussit en partie. Les Russes avouèrent eux-mêmes que la sortie était devenue plus pénible.

Indépendamment de l'embouteillage partiel, on peut admettre qu'à partir de ce moment l'escadre Russe fut bloquée, ou tout au moins surveillée de très près. La suveillance était d'ailleurs d'autant plus facile que la sortie des navires russes ne pouvait plus se faire qu'avec beaucoup de précautions. Quant aux nouvelles tentatives de bombardement par les canons de l'amiral Togo, elles n'eurent toujours guère de succès. On peut donc admettre définitivement aujourd'hui *qu'une flotte ne peut rien contre les batteries de côte,* qu'elle commet au contraire une grave imprudence en s'aventurant sous leur feu surtout si elles dominent de haut la mer (1).

Au cours de ces opérations, les Japonais perdirent un cuirassé le *Hatsusé* qui heurta une mine, et le *Yoshino* abordé par le *Kasuga* (2).

(1) Plus les batteries dominent la mer, plus l'exactitude dans la mesure de la distance peut-être grande (télémètre Deport).

(2) Le *Kasuga* venu directement d'Italie était monté par des équipages sans doute peu expérimentés qui firent là une fausse manœuvre,

2e Raid des croiseurs de Vladivostock

Mais pendant ce temps les croiseurs de Vladivostock avaient de nouveau fait parler d'eux.

Le 6 mars ils étaient restés sourds aux provocations de l'amiral Kamimura qui, avec sa division (1), était venu bombarder Vladivostock.

Mais le 25 avril (2), ils avaient coulé devant Gensan le transport *Goyo-Maru* et le 26 le *Kinshi-Maru.*

Le contre-amiral Jessen rentrait au port sans encombre avec ses 4 croiseurs et 2 contre-torpilleurs après avoir échappé miraculeusement à Kamimura qui croisait dans ces parages (3).

Ils allaient de nouveau rester inactifs jusqu'à l'arrivée de l'Amiral Bézobrazov (22 mai) (4).

3e Raid. (12-20 juin). — Le 12 juin il fit une sortie qui fut la plus fructueuse de la campagne.

(1) 1 cuirassé et 4 croiseurs ou 6 croiseurs).

(2) 23 d'après Meunier et Daveluy.

(3) V. Daveluy, p. 178.

(4) Ce qui n'empêcha pas le *Bogatyr* de s'échouer le 15 mai à l'entrée de Vladivostock.

Les trois croiseurs-cuirassés coulèrent le 15 juin 3 vapeurs dans le détroit de Corée, le 16 juin ils en coulèrent un autre au large d'Okishima et capturèrent un vapeur chargé de charbon. Le 20 ils rentraient à Vladivostock. Le temps brumeux les avait fait échapper à la surveillance de Kamimura croisant dans les parages de Tsoushima.

Six torpilleurs étaient sortis eux aussi. Ils avaient longé les côtes de l'île d'Yeso, et celles de Sakhaline, très fréquentées par les bâtiments de pêche japonais; mais ils n'avaient rien rencontré.

4e Raid. — Bombardement de Gensan

Dès le 28, l'amiral partait de nouveau avec les croiseurs, 4 contre-torpilleurs et 6 torpilleurs. Il bombardait Gensan, coulait 2 navires et se disposait à continuer sa route vers le détroit de Corée, sillonné par les transports de l'armée de Mandchourie. Mais le 1er juillet Kamimura forçait Bezobrazov à reprendre la direction du Nord, et à rentrer à Vladivostock le 4 juillet (1).

(1) Il aurait coulé au retour 1 contre-torpilleur et 1 torpilleur japonais.

5e Raid. — devant Yokohama (durée 12 jours)

Le 18 juillet nouvelle sortie. Cette fois l'objectif est Yokohama, port de la côte orientale de la grande île de Nippon. On y attendait un grand vapeur le *Korea*, 17.000 tonnes, chargé de contrebande de guerre venant de San Francisco.

Après avoir croisé du 22 au 27 devant le port, et coulé trois bâtiments de commerce, en avoir capturé deux autres, les trois croiseurs Russes rentraient au port le 1er août sans avoir rencontré la proie attendue.

La croisière avait été cependant fructueuse et avait causé une vive inquiétude au Japon.

Sortie du 12 août. Combat du 14. — La sortie suivante devait être la dernière. — A peine rentré à Vladivostock, l'amiral apprend la sortie de l'Escadre de Port-Arthur. Il appareille le 12, pour rejoindre l'amiral Witheft. Cette fois la proie si longtemps guettée par les Japonais allait enfin leur tomber entre les mains.

Cette sortie se terminait par la perte du *Rurik* coulé au large de l'île de Tsoushima le 14 août. Le *Rossia* et le *Gromoboï* gravement atteints purent rentrer au port, mais pour ne plus en sortir avant la fin de la guerre.

Bataille navale du 10 aout

Si les croiseurs de Vladivostock avaient été actifs, la flotte de Port-Arthur était restée au port depuis la malheureuse sortie du 13 avril et la mort de l'amiral Makharof.

Il est vrai que les navires russes avaient été fort maltraités depuis le début de la guerre. Et toutes leurs blessures ne devaient être pansées que vers le 1er juillet.

Cette inaction avait permis aux Japonais d'opérer leurs débarquements en toute sécurité.

La IIe armée victorieuse à Nunchan contre la garnison de Port-Arthur avait refoulé à Vafangou le corps de secours du général Stackelberg.

La garnison réduite à ses propres forces avait dû abandonner ses lignes de défense avancées.

Au commencement d'août le général Nogi attaquait furieusement la dernière ligne de défense extérieure.

L'amiral Togo avait installé aux îles Elliot, une base navale où il abritait le gros de sa flotte, tout en exerçant une surveillance très active de Port-Arthur le jour à l'aide de cuirassés et croiseurs, la nuit à l'aide de torpilleurs et contre-torpilleurs.

Mais aucun fait décisif ne semblait devoir se produire lorsque dans la nuit du 8 au 9 le corps de siège arriva au pied des hauteurs de Takouchan et Siaokouchan.

Après s'être emparés des hauteurs fournissant de bons observatoires sur la ville et le port, ils allaient pouvoir régler leur tir.

Dès le 7 août des obus étaient tombés dans la rade.

Laisser la flotte à Port-Arthur c'était la perdre, il n'y avait donc plus qu'à prendre la mer pour gagner Vladivostock et tenter au besoin le sort d'une bataille, avec les 6 cuirassés, 4 croiseurs et 8 contre-torpilleurs encore en état de prendre la mer (1).

A peine sorti du port l'amiral Vitheft rencontra la flotte de Togo (c'était fatal étant donné le blocus indiqué plus haut).

6 cuirassés de la 1re escadre japonaise venant à bâbord à 8 ou 9 milles, et beaucoup plus loin, par tribord, 1 croiseur cuirassé et 3 protégés de la 2e escadre.

L'amiral Vitheft pouvait donc avoir l'avantage en attaquant séparément et résolument ses deux adversaires. Il pouvait au moins leur causer de graves avaries. Mais l'idée bien arrêtée de gagner Vladivostock semble lui avoir fait perdre cette magnifique occasion.

(1) Le *Kayan* avait heurté une mine quelques jours auparavant. Il restait les cuirassés : *Cesaravitch Retvisan*, *Pobiéda*, (V.-Am. Vitheft), *Peresviet*. *Poltava*, *Sebastopol* (C.-Am. Outchomsky), Croiseurs *Askold*, *Pallada*, *Diana* (C.-Am. Reitzenstein), le *Novik* éclaireur.

Il laissa Togo maître de sa manœuvre et ne chercha pas à engager un combat sérieux.

A 1 heure le combat s'était engagé à 10 kilomètres. A 3 heures et demie il avait repris à 8 kilo-

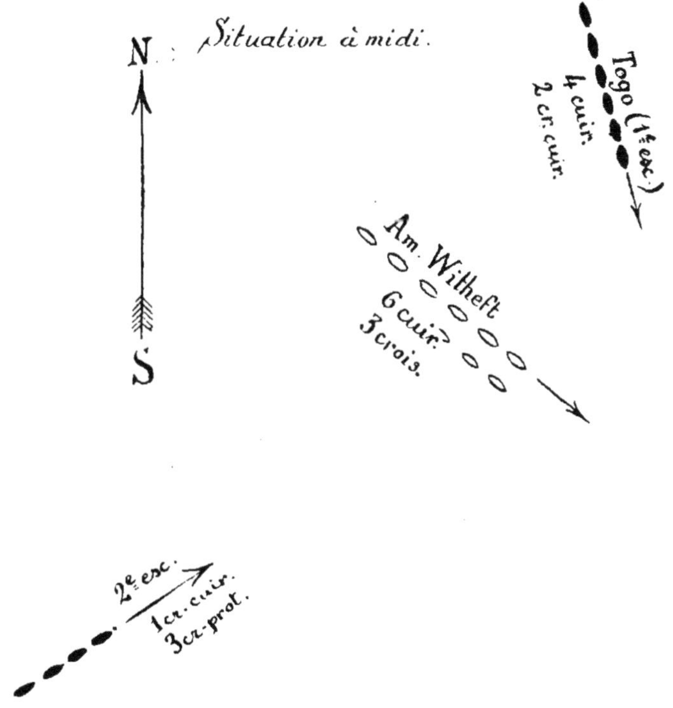

mètres, sans autre résultat qu'une avarie à une chaudière de l'*Askold*, par un obus qui avait troué sa cheminée.

L'amiral Togo ne se sentait pas en force et ne voulait pas s'engager trop près.

Il cessa le feu tout en surveillant l'ennemi. A 5 heures et demie la 2e escadre l'avait rejoint et comme les Russes semblaient bien décidés à mettre les croiseurs à l'abri des cuirassés sans utiliser leur tir, il ouvrit le feu à 7.000 mètres.

D'ailleurs à ce moment il escomptait l'arrivée des 5e escadre et 6e escadre, dont la 6e au moins pouvait lui être un précieux appui.

La situation était restée cependant stationnaire pendant une heure lorsque l'amiral Witheft fut tué sur le *Césarévitch*. Malgré cela le prince Outchomsky ne prenait pas le commandement (le *Peresviet* sur lequel il était n'ayant peut-être pas aperçu le signal); l'escadre russe continua sa route, lorsqu'un coup heureux de 305 tomba dans le bokhaus et, détériorant l'appareil à gouverner, laissa le gouvernail sur bâbord. Le *Césarévitch* tourna et se dirigea sur l'ennemi. Le *Retvisan* le suivit, à ce moment le prince Outchomsky prenant le commandement fila sur Port-Arthur avec ses autres vaisseaux.

Le *Césarévitch* et le *Retvisan* restaient seul face à face avec Togo.

Les deux navires auraient pu être enveloppés, mais Togo laissa passer l'occasion. Pendant quel-

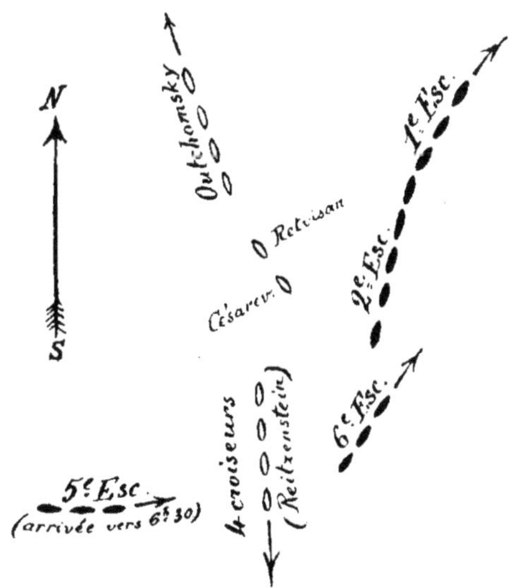

ques instants cependant ils essuyèrent le feu à 3.500 mètres, mais enfin le servomoteur étant réparé, le *Césarévitch* put reprendre la direction de Port-Arthur.

A la tombée de la nuit le *Retvisan* allait rejoindre; mais le *Césarévitch* était à 4 ou 5 milles en arrière.

Cependant les escadres japonaises n'osaient s'en approcher, le canonnant seulement de loin.

Alors le chef de la division des croiseurs (*Askold, Novik, Pallada, Diana*) signala à ces bâtiments de le suivre et fila entre les 2e et 5e escadres japonaises, abandonnant les cuirassés.

Bientôt après les contre-torpilleurs imitèrent leur exemple ; les cuirassés n'avaient donc plus de protection contre les torpilleurs ennemis et les contre-torpilleurs russes n'attaquèrent même pas les navires japonais.

Aussi conçoit-on que cette fuite des croiseurs et contre-torpilleurs ait été fort critiquée, car 1 seul des croiseurs gagna Vladivostock (le *Novik*).

La flotte japonaise laissait aller l'escadre Russe, diminuée du *Césarévitch* qui virait de bord et filait vers l'est.

Il restait cinq cuirassés gagnant Port-Arthur.

Pendant toute la nuit ils essuyèrent les attaques des torpilleurs japonais, et par miracle ils échappèrent tous à leurs coups. Le lendemain ils étaient à Port-Arthur avec le *Pallada* et 3 contre-torpilleurs.

Le *Césarevitch* arrivait le lendemain à *Kiaotchéou* où il retrouvait le *Novik* et un contre-torpilleur.

Le 12 arrivaient 2 autres contre-torpilleurs.

Le contre-amiral *Reichtzenstein*, commandant *l'Askold* se dégagea, ainsi que le *Novik*, des entreprises des garde-côtes japonais qui les surveillaient.

Se séparant du *Novik*, il décida de gagner Shanghaï.

Le *Novik* gagna le détroit de Lapérouse. Signalé au large de Kiou-Siou, il ne put échapper aux 2 croiseurs *Tsoushima et Chitose*. Réfugié à Korsakovsk pour réparer ses avaries, il allait être surpris par le *Chitose* ; son chef le coula.

LE CROISEUR ASKOLD

Le *Diana* échappa aux contre-torpilleurs et, ayant perdu de vue *l'Askold*, s'enfuit du théâtre des hostilités. Réfugié à Saïgon, il fut désarmé.

La 1re escadre de Port-Arthur était donc virtuellement anéantie puisqu'elle n'était plus capable d'affronter la flotte de Togo et que si elle restait au port elle était en butte au tir des canons de siège.

Combat des croiseurs de Vladivostock

(14 août)

Leur 6e sortie. — Pour comble de malheur les croiseurs de Vladivostock devaient subir leur part du désastre.

Le 11 août, l'amiral Jessen, avait connaissance de la sortie de l'escadre de Port-Arthur.

Il partait avec le *Rossia,* le *Rurik* et le *Gromoboï,* dans le but de rejoindre l'amiral Witheft.

Mais le 14, au nord-est de *Tsoushima* il se heurtait aux forces supérieures de l'amiral Kamimura (4 croiseurs cuirassés de la 3e escadre : *Iwate, Idzumo, Adzuma, Tokiwa*) (1).

Les croiseurs russes tentèrent d'échapper aux Japonais. Mais le *Rurik* moins rapide, resté en arrière, son gouvernail immobilisé par un gros obus, ne put réparer ses avaries, les deux autres croiseurs durent l'abandonner. Néanmoins il lutta jusqu'au bout.

(1) L'amiral Uriu veillait d'ailleurs lui-même entre la Corée et les côtes du Japon avec la 4e escadre (5 croiseurs protégés *Naniwa, Takatchiho, Niiatka, Tsouchima, Chihaya*).

Sur 13 officiers, 7 avaient été tués, un seul avait échappé aux blessures (1). Il fit couler son navire lorsque tous ses moyens de défense eurent été épuisés.

L'amiral Kamimura avait laissé les 2 autres croiseurs regagner Vladivostok.

Le combat du 10 août et celui du 14 août, ont soulevé de violentes polémiques. N'ayant pas la compétence nécessaire pour juger la conduite des différents chefs d'unité, nous ne nous arrêterons qu'aux résultats matériels de la lutte.

Il ne restait plus à Port-Arthur que cinq cuirassés, ainsi que les croiseurs *Pallada et Bayan* et des contre-torpilleurs.

Ces débris de la 1re escadre du Pacifique devaient rester inactifs jusqu'à la capitulation de la place.

D'ailleurs sous le feu des canons de siège ils furent vite mis en piteux état. Le 10 décembre les Russes avaient coulé ceux que les obus n'avaient pas encore blessés à mort.

Le *Sévastopol* restait seul en état de naviguer. Il tenta de gagner la haute mer, mais fut coulé par des torpilleurs japonais le 14 décembre.

Quelques petits bâtiments restaient seuls en bon état. Ils s'échappèrent la veille de la capitulation.

(1) Lieutenant de vaisseau Ivanov.

Le 2 janvier les bâtiments non échoués dans le port, tombaient aux mains des vainqueurs avec la forteresse. La Russie n'avait donc plus en Extrême-Orient au commencement de 1905 que 2 croiseurs réfugiés à Vladivostock.

Les Japonais s'étaient donc assuré pour longtemps la maîtrise de la mer.

CHAPITRE III

Deuxième et troisième escadres du Pacifique

La 2e escadre. — Avant la reddition de Port-Arthur, avant même la bataille du 10 août, le gouvernement russe s'était rendu compte qu'il fallait envoyer à Port-Arthur une flotte de renfort (1).

Le 13 octobre 1904, la flotte de Rodjestvensky appareillait à Libau sous le titre de 2e escadre du Pacifique.

Elle comprenait :

7 cuirassés. . . . . . (deux anciens)	4 de 14.000 tonnes. 1 de 13.000 — 2 de 10.000 —

2 croiseurs cuirassés.

6 croiseurs protégés.

En outre : 9 contre-torpilleurs et 10 navires charbonniers. Le point faible de cette escadre était surtout la valeur douteuse des équipages qu'on avait dû recruter et former à la hâte. Rodjestvensky ne devait en tirer quelque chose qu'avec une sévère discipline.

(1) Lorsque l'amiral Wirenius fut rappelé à Cronstadt, il fut convenu que sa division navale formerait le noyau d'une 2e escadre dont on avait décidé l'envoi (Dav. p. 88), mais il fallait attendre l'achèvement des cuirassés en chantier.

Difficultés de l'entreprise. — L'entreprise de gagner Port-Arthur était doublement hardie : Pour un si long parcours (1) à exécuter sans bases navales, le ravitaillement en combustible devait se faire en pleine mer. De plus, avec un adversaire qui avait fait l'attaque du 8 février, les surprises étaient toujours possibles. La traversée même des détroits du Danemark pouvait être dangereuse. Aussi comprend-on sans peine, après réflexion, le triste incident de Hull.

Incident de Hull. — Passant à proximité du Doggerbank, l'escadre ouvrit le feu sur des chalutiers anglais, au milieu desquels elle avait cru voir des torpilleurs ennemis, (nuit du 21 au 22 octobre).

Ce malheureux incident faillit amener une rupture entre la Russie et l'Angleterre, alliée du Japon. Grâce à la loyauté de la Russie et aux bons offices de la France, cette première difficulté diplomatique fut aplanie.

A Tanger, l'escadre se divisa en deux fractions. Les cinq cuirassés et les grands croiseurs passèrent par le cap de Bonne-Espérance sous les ordres directs de l'amiral Rodjestvensky.

Les croiseurs *Oleg*, *Izoumroud*, *Rion*, *Dnieper*, et cinq contre-torpilleurs, ainsi que deux cuirassés anciens, passèrent par le canal de Suez.

(1) 12.000 milles ou près de 22 ou 23.000 kilomètres.

Au milieu de janvier, la 2e escadre était réunie dans les eaux de Madagascar.

A ce moment, Port-Arthur avait déjà capitulé, et la 1re escadre était anéantie. Il ne fallait donc plus hésiter à renforcer la 2e escadre par une 3e qu'on avait du reste commencé à préparer.

3e escadre du Pacifique. — Nébogatof. — Grâce aux avertissements de hautes personnalités militaires, on s'était rendu compte en Russie que Rodjestvensky n'était pas assez fort pour reconquérir seul l'empire de la mer (1).

Il ne possédait que : 7 cuirassés dont 2 anciens, 2 vieux croiseurs cuirassés, 6 croiseurs protégés à mettre en ligne contre la redoutable flotte de Togo, qui, bien entraînée, et complètement réparée, se présenterait au combat avec toutes les chances de succès en face d'une escadre fatiguée par son immense voyage.

La 3e escadre devait comprendre :

1 cuirassé : *Empereur Nicolas Ier*

3 garde-côtes.

1 vieux croiseur cuirassé.

Elle quitta Libau le 15 février 1905 sous le commandement du contre-amiral Nébogatof. Les derniers navires de cet échelon sortirent du canal de

(1) Au moment même de son départ le commandant Clado craignit qu'il ne pût arriver à Port-Arthur, il pressentait que la 1re escadre devait être fort affaiblie.

Suez le 25 mars. La jonction des 2e et 3e escadres ne devait se faire que sur les côtes d'Indo-Chine.

Séjour de Rodjestvensky à Madagascar. — L'amiral profita de son séjour dans les eaux françaises pour entraîner son équipage pendant 2 mois à Diégo-Suarez, et faire les réparations les plus urgentes.

Il quitta Madagascar le 16 mars et arriva le 8 avril devant Singapour. Les croiseurs Japonais l'aperçurent, mais se replièrent devant lui.

Incident de Camrahn. — Le fait d'avoir toléré la flotte Russe dans les eaux territoriales de Madagascar avait excité l'animosité de la presse Japonaise, lorsqu'un nouvel arrêt dans la baie de Camrahn (sur la côte orientale de l'Indo-Chine) fut le prétexte de nouvelles protestations.

De graves difficultés diplomatiques faillirent en résulter.

Obligé de s'éloigner des côtes, Rodjestvensky attendit donc au large l'arrivée de Nébogatof.

Toute son escadre était réunie le 9 mai, elle prit la route du détroit de Bashi et entra dans le Pacifique.

A ce moment, les prophètes se donnaient libre carrière. De beaux tableaux comparatifs avaient été dressés qui attribuaient la supériorité les uns à Rodjestvensky, les autres à Togo. Mais rien n'est plus difficile que d'apprécier sur le papier la valeur de deux flottes.

Cependant, il semble qu'en faisant séparément le

total des cuirassements, de la grosse artillerie, de la moyenne artillerie, toutes les statistiques s'accorderaient à montrer que la flotte Russe était plus faible que la flotte Japonaise. — Mais chacun sait que les chiffres sont trompeurs, aussi bien sur mer que sur terre.

Dans une bataille, ce sont souvent les facteurs moraux ; volonté des chefs, valeur des équipages, esprit d'ordre et de discipline, décision et ferme volonté de vaincre, qui jouent le principal rôle. Or, ces facteurs sont impondérables, aucune formule ne peut établir leur valeur. L'action seule peut les mesurer.

La bataille de Moukden venait malheureusement d'en donner la preuve. L'armée Japonaise, bien que n'ayant plus la supériorité numérique avait été encore une fois victorieuse. Et son succès était le second événement décisif de la campagne (1).

On se rendait compte à la fin de mai que la prochaine bataille navale allait être le troisième et probablement le dernier.

Bataille de Tsoushima

Le 24 mai, Rodjestvensky quittait les îles Saddle (au large de Changhaï), il y laissait les charbonniers et se dirigeait sur le détroit de Corée.

L'amiral Togo l'y attendait depuis le milieu de

(1) Pourtant, la chute de Port Arthur ayant été prévue, même avant le 1er janvier n'était pas un fait matériellement décisif, comme la défaite de toute une armée, comme la capitulation de Metz en 1870, mais l'effet moral avait été considérable.

mai avec le gros de sa flotte, pendant que ses éclaireurs surveillaient étroitement sa proie.

Le 27 il était averti que la flotte Russe tout entière allait entrer dans le détroit.

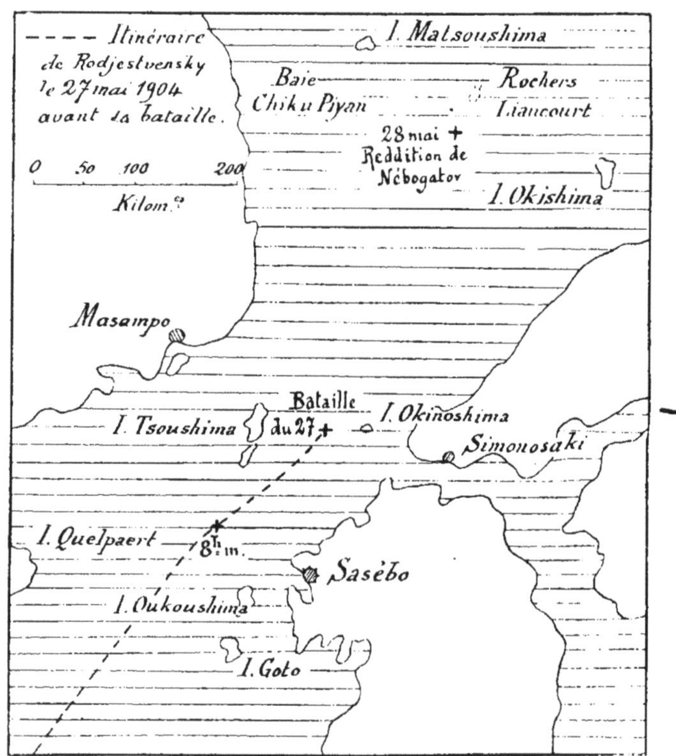

Il ordonne à Kataoka de suivre les Russes et donne rendez-vous au reste de ses forces à l'est de l'île de Tsoushima (près de l'île d'Okinoshima).

Prise de contact par les éclaireurs japonais de 7 heures du matin à 11 heures (le 27 mai). — La flotte de Rodjestvensky formait deux lignes parallèles, avec les transports au milieu.

A 9 heures du matin elle aperçoit sur sa gauche,

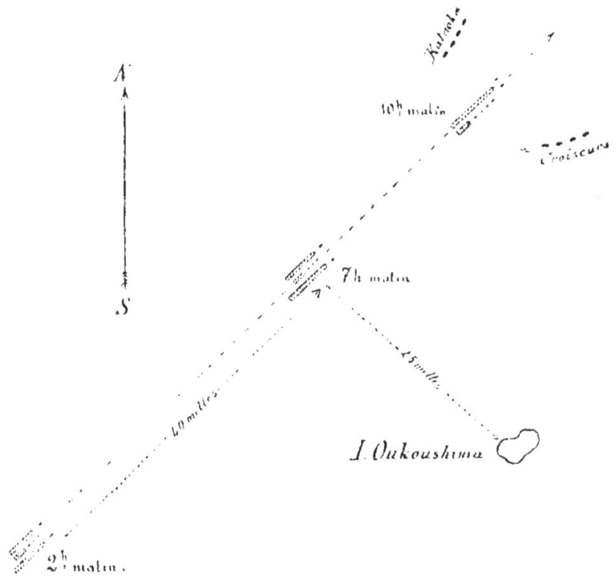

à environ 10 kilomètres, 4 croiseurs japonais. Peu après en apparaissent 4 autres sur la droite.

Nébogatof ouvre le feu sur eux à 11 h. 15. Ils disparaissent vers midi.

Il faisait du brouillard. La mer était mauvaise.

Engagement du gros des forces japonaises. — 1re phase. A 1 h. 30, la flotte russe rencontrait l'amiral Togo, qui, ayant exhorté ses équipages à la bravoure (1), s'avance avec 2 escadres, filant vers le sud-ouest.

Arrivé à portée de canon, vers 2 heures, il change de direction, et fait converger sur les deux bâtiments russes de tête le feu de ses escadres.

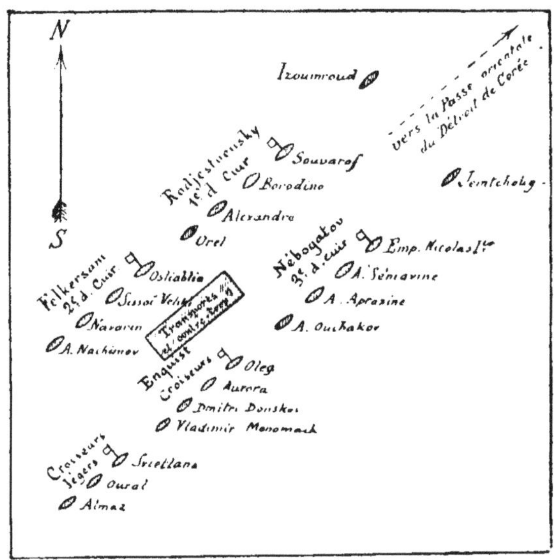

L'*Osliablia* et le *Kniaz-Souvarof* sont ainsi gravement atteints (2). La formation des Japonais était beaucoup plus maniable que celle des Russes. D'ailleurs, sur mer, celui qui tire le premier et juste, s'assure toujours un avantage incontestable.

(1) Proclamation de l'amiral Togo à ses équipages vers 1 h. 50.

(2) Avant d'avoir ouvert eux-mêmes le feu, d'après certains auteurs.

Le désordre commençait bientôt dans la ligne russe.

Après trois-quarts d'heure de combat, le cui-

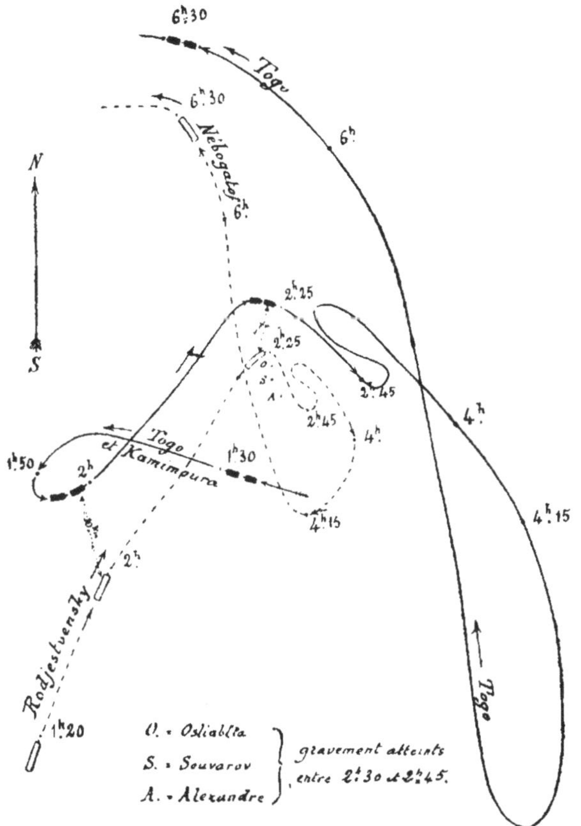

rassé *Alexandre III* subissait lui-même de graves avaries vers 2 h. 30 (à 4.000 mètres) (1).

(1) L'*Osliablia* coula après 3 heures (entre 3 heures et 4 heures 45).

De nombreux incendies avaient éclaté sur les bâtiments russes.

L'amiral Felkersam avait été tué.

L'amiral Rodjestvensky, blessé, était passé du *Kniaz-Souvarof* sur le *Borodino* (1).

A 2 h. 30 le sort de la bataille était décidé. Les deux flottes faisaient route vers le sud-est sur deux lignes parallèles.

Le brouillard, devenu plus intense, et la fumée des incendies gênaient le tir. — La poursuite parallèle continua vers le sud-est puis vers le nord-ouest, enfin elle reprit la première direction. Comme la fumée et la brume augmentaient, rendant toujours le tir difficile, vers 4 heures et demie Togo perd de vue l'escadre ennemie. Mais elle a encore devant elle les divisions Uriu et Deva, les croiseurs de Kataoka et Togo jeune.

2e phase. — L'escadre russe perdue dans le brouillard échappa entre 5 et 6 heures à la surveillance des croiseurs ennemis.

Se voyant libre, elle se divisa en deux parties. Les 6 gros navires (2) de Rodjestvensky cherchèrent à filer vers le nord, laissant les croiseurs aller vers le sud.

Reprise du contact. — Mais à 6 heures Togo

(1) « A 4 heures, l'amiral passa sur le contre-torpilleur *Bouiny*, errant sur « le champ de bataille à bord de ce bâtiment. » (Daveluy, p. 115).

(2) Le *Souvarof* avait été laissé en arrière.

découvrait dans sa fuite la fraction Rodjestvensky. Poursuivant son œuvre de destruction par un tir parfait, toujours concentré successivement sur chacun des navires ennemis, il coulait l'*Alexandre III*

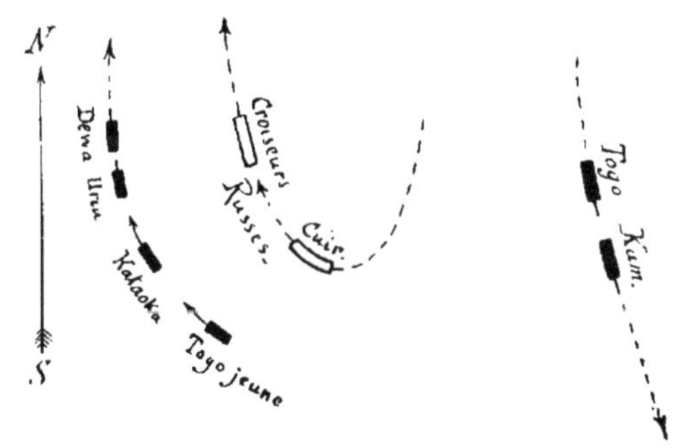

SITUATION VERS 5 HEURES

(vers 6 heures et demie), à 7 heures, le *Borodino* sautait. Le *Kniaz-Souvarof* qui avait été laissé plus au sud, était torpillé à 7 h. 20.

L'amiral Rodjestvensky, blessé une seconde fois, était maintenant à bord du contre-torpilleur *Bouiny* (depuis 4 heures).

Les croiseurs. — Les croiseurs et les bâtiments auxiliaires, filant au sud, avaient rencontré les divisions Deva et Uriu et subi un feu terrible.

L'*Aurora*, qui seul avait tenté d'attaquer, dut reculer. Là encore, les Russes restant passifs favorisaient leurs adversaires. Au lieu d'attaquer la première fraction japonaise se présentant au combat, ils donnaient à Kataoka le temps d'arriver.

Malgré cela on peut affirmer qu'un combat énergiquement mené aurait pu être favorable aux Russes, car le soir, les croiseurs *Kasagi* et *Naniva* avaient reçu de graves avaries et les croiseurs russes pouvaient s'échapper.

Rupture du combat de jour. — Togo avait filé vers le nord à 7 h. 30 (à la tombée de la nuit), donnant rendez-vous à ses cuirassés pour le lendemain, au large de Matsoushima sur la route de Vladivostock.

Nébogatof fuyant vers le nord-est emmenait les bâtiments cuirassés *Empereur Nicolas Ier* (battant pavillon amiral), l'*Orel*, 3 garde-côtes, le *Navarin, Sissoï Veliki, Amiral Nachimof* et l'éclaireur *Izoumroud.*

Il croyait être tranquille jusqu'au jour, mais il avait compté sans les torpilleurs.

Combat de nuit. Les torpilleurs. (27 et 28 mai). — La mer devenait plus calme, ils allaient pouvoir entrer en scène.

Près de 80 torpilleurs (1) jusque là restés dans le détroit de Corée, furent lancés les uns sur la division Nébogatof, les autres sur la division

(1) 20 destroyers, 64 torpilleurs qui firent une série d'attaques acharnées se suivant sans interruption. (D'après Daveluy, p. 119).

Enquist. Le *Sissoï Veliki,* le *Nachimof* et le *Vladimir Monomack* furent mis hors de combat entre 8 et 11 heures du soir.

Puis à 2 heures du matin, une nouvelle attaque coula le *Navarin,* isolé à 50 kilomètres au nord de Tsoushima.

L'*Amiral Ouchakov* parvint à s'échapper.

Les japonais n'avaient perdu que 3 torpilleurs, mais beaucoup d'autres avaient reçu d'assez graves avaries.

Le 28 mai il ne restait donc plus de l'escadre russe que cinq bâtiments des divisions Rodjestvensky et Nébogatof :

Nicolas Ier ;
L'*Orel* ;
Le garde-côte *Amiral Apraxine* ;
Le garde-côte *Amiral Séniavine* ;
L'*Izoumroud* ;
et les croiseurs de l'amiral *Enquist.*

Capitulation. — A 10 heures et demie l'amiral Togo, prévenu par télégraphie sans fil, venait renforcer Kataoka et forçait Nébogatof à capituler.

Seul l'*Izoumroud* s'échappait vers l'Est; mais le lendemain, il allait s'échouer au Nord-Est de Vladivostock (baie Vladimir) et se faisait sauter.

Dans la même matinée, le *Svietlana* et un contre-torpilleurs étaient coulés par la division Uriu dans la baie Chiku Piyan. L'*amiral Ouchakof* isolé au Nord fut coulé. Le *Dmitri-Donskoï* eut le même sort après un héroïque combat.

La deuxième escadre du Pacifique était détruite.

Seul l'*Almaz* avait pu gagner Vladivostock avec 2 contre-torpilleurs, et l'*Orel* (Navire hôpital).

3 bâtiments de l'Amiral Enquist avaient gagné Manille.

En outre 3 croiseurs, 1 contre-torpilleur et 2 transports s'étaient réfugiés dans des ports neutres.

Le reste était coulé ou capturé.

Sur 14.000 hommes d'équipage, 6.000 étaient prisonniers, avec l'amiral Nébogatof.

L'amiral Rodjestvensky blessé à bord du contre-torpilleur *Bouiny*, était capturé par un croiseur Japonais qui remorquait le bateau jusqu'au Japon.

Les vainqueurs n'avouaient que 116 tués et 538 blessés (1).

Cette fois c'était un vrai désastre.

La Russie avait définitivement perdu l'empire de la mer. N'ayant plus de flotte elle ne pouvait plus continuer la lutte. Son armée ne pouvait plus rétablir la situation à elle seule.

(1) D'après une autre version 113 tués, 424 blessés.

Fin de la Campagne de 1905

et Signature de la Paix

Situation en septembre 1905

Depuis la bataille de Moukden, les deux adversaires n'avaient livré en Mandchourie que des combats d'avant-garde ou d'avant-postes.

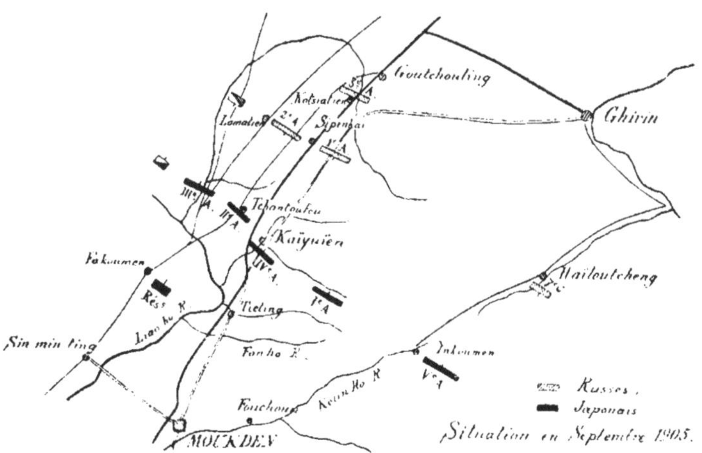

Et cependant les deux armées s'étaient notablement renforcées. Chaque camp comprenait près de 500.000 combattants, divisés en 3 armées sous Liniévitch et en cinq sous Oyama.

Les Russes avaient deux armées à hauteur de Sipinkaï et la 3e en arrière à hauteur de Kotsiatien. Le 7e corps était détaché vers Haïloutcheng, sur la route de Moukden à Ghirin.

Les Japonais, à hauteur de Tchantoufou, Kaïyuen, Ynkoumen, dans le même dispositif qu'à Moukden, de la droite à la gauche : Ve, Ire, IVe, IIe et IIIe armées. Sur leur gauche, la cavalerie Japonaise était opposée à celle de Mitschenko, qui dans le courant de mai, s'était montré inquiétant. (Raid à l'Ouest de Tiéling).

Corps expéditionnaire de Sakhaline. — Mais pendant qu'Oyama restait immobile, un corps expéditionnaire avait débarqué le 7 juillet au Sud de l'Ile pendant que d'autres troupes débarquaient à Alexandrovsk le 31 juillet. L'amiral Kataoka était maître de l'île dont la faible garnison, sous le général Liapounov, n'avait pu résister.

La possession de Sakhaline était des plus précieuses à cause des pêcheries qui leur fournissent un poisson d'excellente qualité. Pendant la durée de la guerre, les Japonais avaient été obligés de se contenter du médiocre poisson des côtes de Formose (1).

Les Japonais entendaient donc occuper Sakhaline, avant la signature de la paix, prolongement

(1) A cause des fréquentes croisières des navires de Vladivostock dans la Manche de Tartarie, la pêche avait été gênée depuis l'ouverture des hostilités.

naturel de leur Empire vers le Nord. Sakhaline leur appartenait d'ailleurs avant la cession des îles Kouriles données en échange par les Russes.

Cessation des hostilités. — Ces opérations devaient être les dernières de la campagne.

Sur l'initiative du président Roosevelt, des démarches furent faites auprès des deux gouvernements intéressés pour mettre fin à la guerre.

La Russie, absorbée par une crise intérieure, et n'ayant plus de flotte, n'était pas fâchée de se reposer de la lutte acharnée qu'elle avait dû soutenir.

Quant au Japon, il n'était pas assez riche pour prolonger indéfiniment la guerre.

D'ailleurs, les succès remportés par ses armées et sa flotte ne pouvaient lui assurer qu'une paix favorable et fructueuse.

Le 5 septembre, le traité de paix était signé, et les deux armées négociaient le 14 un arrangement qui aboutissait le 16 à un armistice. Une zône neutre devait séparer les deux armées, en attendant leur évacuation sur leurs pays respectifs.

Traité de Portsmouth

La Russie reconnaît les intérêts prépondérants, aux points de vue politique, économique et militaire, du Japon en Corée ; elle ne s'opposera pas aux mesures de direction et de contrôle que le

Japon jugera nécessaire de prendre dans ce pays.

Les sujets et entreprises Russes jouiront en Corée des mêmes avantages que les sujets et entreprises des autres nations.

La Mandchourie sera évacuée par les deux armées et rendue à la Chine, sauf Port-Arthur et Dalny, ainsi que les eaux et territoires adjacents, qui passent au Japon, de même que la partie méridionale de Sakhaline, et les îles avoisinantes jusqu'au 50e degré.

Le Transmandchourien sera partagé en deux tronçons à Kouangtchengtsé, l'un restant à la Russie, l'autre cédé au Japon.

Un accord spécial devait régler les droits de pêche des Japonais dans les eaux territoriales Russes des mers du Japon, d'Okhotsk et de Béhring.

Les deux nations renouvelaient le traité de commerce en vigueur avant la guerre, avec de très légères modifications, et en adoptant la clause de la nation la plus favorisée.

La situation nouvelle du Japon dans le monde. — Mais ce n'étaient pas là les véritables avantages que le Japon devait retirer de la guerre.

Dans sa lutte victorieuse, il a conquis la considération des autres nations du monde.

C'est maintenant une grande puissance avec laquelle il faudra compter à l'avenir.

Sa marine, grâce aux navires pris aux Russes, est actuellement (1908) la 4e ou la 5e du monde, et en ce moment, le Japon met en chantiers des bâtiments formidablement armés (1).

Si cette nation parvient à faire marcher la Chine dans ses traces, l'Europe ne pourra plus désormais lui imposer l'humiliation de 1895.

La guerre Russo-Japonaise parait donc avoir marqué le commencement d'une ère nouvelle dans l'histoire du monde. Le mouvement d'Occident en Orient semble près d'être arrêté; tâchons de pouvoir arrêter à notre tour ces jaunes qui, dans leur sommeil, ont toujours opposé aux entreprises Européennes une force d'inertie invincible. Leur réveil commence à peine et déjà les résultats sont surprenants.

Sans redouter dès maintenant leur retour vers nos contrées d'Occident, à la suite d'un nouveau Tchenghiskhan, leur évolution mérite d'être suivie de près si nous voulons éviter des surprises. Notre situation en Indo-Chine nous en fait un devoir plus qu'à toute autre nation d'Europe.

(1) En 1907 il a mis en chantier 2 cuirassés de 19.500 tonnes, devant donner 20n5, armés de quatre : 305mm de douze : 254, de douze : 120. Et 4 croiseurs cuirassés de 15.000 tonnes. On a prévu pour cette année 2 cuirassés de 21 000 tonnes, armés chacun de douze : 305, de dix : 152, et de douze : 125.

LE COMBAT

D'APRÈS LES ENSEIGNEMENTS DE LA GUERRE

C'est une tâche épineuse, que de déduire les enseignements d'une Campagne. Pour la mener à bien il faudrait une rare compétence que seule l'expérience d'une longue carrière militaire peut donner.

Aussi, plutôt que de faire œuvre personnelle et dangereuse, jugeons nous plus sage de résumer ici l'opinion des auteurs qui nous ont inspiré le plus de confiance.

La guerre Russo-Japonaise est la première où deux armées comparables aux adversaires éventuels d'un conflit Européen ont employé l'armement moderne, et dans des conditions géographiques et climatériques analogues à celles où nous aurions à combattre.

Aussi cette guerre mérite-t-elle, encore plus que la guerre du Transvaal, d'attirer l'attention des chefs de tous grades. Même les tous jeunes officiers y trouveront à glaner.

Car l'instruction personnelle des officiers gagne toujours à suivre les péripéties de ces drames:

Il existe d'ailleurs dès maintenant sur cette guerre des documents de valeur, dont la lecture est instructive et passionnante.

A défaut de campagnes à notre actif, étudions celles

des autres, nous nous préparerons ainsi à nos campagnes futures.

Pour étudier les enseignements d'une façon méthodique nous suivrons dans ses grandes lignes le plan du titre V de notre Règlement de manœuves du 3 décembre 1904.

Nous pourrons nous convaincre de la valeur de ce merveilleux ouvrage.

Enfin nous verrons que, si la guerre de Mandchourie n'a pas appris grand chose à ceux qui suivent les progrés de l'art militaire, elle mérite du moins d'être étudiée pour combattre bien des vieux errements qui persistent malgré tout dans la masse en vertu du principe d'inertie, et qui empêchent les progrés d'être aussi rapides que le voudraient nos chefs.

DOCTRINE GÉNÉRALE DU COMBAT

Ce qui frappe le plus dans une étude d'ensemble de la guerre Russo-Japonaise c'est l'esprit de suite, l'ordre qui règne dans les opérations du vainqueur.

Du commencement jusqu'à la fin de la guerre les Japonais, comme les Allemands en 1870-71, ont un plan bien net, et en poursuivent l'exécution avec une volonté continue, une énergie farouche. Et chacun des combattants, quelque soit sont grade, consacre à la réussite de l'entreprise tous les moyens dont il dispose.

Dans chaque arme c'est un *esprit de solidarité* à toute épreuve et entre les armes la *liaison est constante* (1).

(1) Ce qui est mieux encore, tout le Japon travaille à cette guerre ; journalistes, espions, diplomates consacrent leurs efforts à la réalisation de la victoire.

Chez nous les disciples du général Langlois n'ont sans doute rien à apprendre à ce point de vue, leurs efforts pour développer l'unité de doctrine, la solidarité et la liaison des armes, ont d'ailleurs été couronnés de succès.

Règles du combat de l'infanterie. — Les règles du combat de l'infanterie ne sont pas fixes, car le moindre combat dépend d'un nombre infini d'éléments dont la plupart sont imprévus. La situation dans la bataille varie avec le terrain, avec le temps, et dans cette situation intervient un facteur capital presque toujours inconnu de chacun des joueurs : le plan et la volonté de l'adversaire.

La complexité de tout problème tactique tiendrait donc à justifier les projets les plus divers. Chacun, après une manœuvre en temps de paix, veut avoir raison et peut trouver facilement dans son sac, pour justifier son plan, un exemple propice tiré de la guerre du Transwaal ou de la guerre Russo-Japonaise.

La discussion *superficielle* des faits de guerre récents est donc fort dangereuse. Et un chef ne saurait jamais apporter trop d'attention à la critique des enseignements qu'on en déduit, pour assurer sous ses ordres le règne de l'unité de doctrine (1).

Pour raisonner juste, en matière militaire, il faut posséder à un haut degré l'esprit critique, et appuyer tous ses raisonnements sur des bases solides, n'oublier aucun des facteurs du combat, et donner à chacun d'eux sa valeur relative.

(1) Mais cette unité de doctrine ne devra pas être basée sur l'application automatique de clichés spéciaux pour chaque cas particulier. Les règles devront être simples en général pour être faciles à retenir. Elles devront être souples pour ne pas engendrer d'absurdités.

La base de l'utilisation de chaque arme, de notre infanterie en particulier, sera la *connaissance de ses propriétés*, car pour bien se servir d'un outil, il faut savoir exactement ce qu'il peut donner, l'employer pour le travail auquel il est destiné. (Voir Règl. de man. n° 239).

Les propriétés de l'infanterie nous les déduirons de l'*étude en temps de paix* qui s'impose à nous sous toutes ses formes : étude sur le terrain, étude des récits des guerres récentes, puisque nous n'avons pas pu acquérir l'expérience sur le champ de bataille.

Dès le temps de paix nous pourrons nous faire une idée de la mobilité et de l'endurance de nos troupes, de leur intelligence, de la façon dont elles sont capables d'exécuter les ordres donnés.

Nous pourrons étudier la valeur des feux exécutés dans différentes conditions, la vulnérabilité des formations employées à des distances variables.

D'où nécessité des marches, des évolutions, des tirs de combat, des manœuvres à double action, combinées avec d'autres armes, exercices qu'on doit préparer et exécuter avec le plus grand soin, en gardant toujours son attention en éveil, et en supposant toujours l'adversaire armé de vraies cartouches.

Les expériences de tir réel en temps de paix sont exécutées sur des silhouettes inoffensives, dans les manœuvres à double action on tire des cartouches à blanc, en outre le temps ne joue pas son vrai rôle et les pertes ne sont pas représentées ; ou le sont arbitrairement. Les deux adversaires sont dans un pays où l'on parle leur langue, et de bonnes cartes sont entre leurs mains.

L'étude des guerres récentes peut donc seule nous

faire discerner, parmi les enseignements déduits des tirs de polygone et des manœuvres ceux qui sont vrais, de ceux qui sont en contradiction avec la sévère expérience du champ de bataille.

« Aucune réglementation ne peut remplacer cette « préparation toute personnelle indispensable aux offi- « ciers. » (Règl. de man. n° 240).

Propriétés et rôle de l'infanterie. — « L'infanterie conquiert et conserve le terrain. C'est à elle qu'in- « combe la tâche la plus rude, mais aussi la plus glo- « rieuse de la bataille.... »

En effet l'artillerie n'a qu'un moyen d'action : le feu. La cavalerie le possède mais dans une faible mesure. Elle possède plutôt la mobilité, et la force de ses sabres (souvent inutilisable aujourd'hui).

L'infanterie au contraire a deux moyens de lutte et elle les possède chacun au plus haut degré : le *feu* et le *mouvement en avant.* Par elle seule elle peut constituer une force redoutable et numériquement elle forme la force essentielle des armées.

Mais le feu n'est qu'un moyen, le mouvement en avant est le but. Tant qu'une infanterie peut marcher sans tirer, soit en utilisant les couverts naturels, soit sous la protection de l'artillerie qui tire pour elle, son unique préoccupation doit être d'avancer aussi vite que possible (1).

Disons d'ailleurs de suite qu'aujourd'hui la zône des feux efficaces est devenue tellement dangereuse, que la plupart du temps le mouvement en avant ne pourra plus se poursuivre que fort lentement s'il n'existe pas de

(1) A l'attaque des lignes de Chiouchanpou par les Japonais, deux divisions avancèrent pendant 900 mètres sans tirer.

couverts suffisants. La marche d'approche devant s'effectuer souvent par bonds et par petits groupes, exigera beaucoup de temps.

Souvent clouée sur place, ne pouvant momentanément ni avancer ni reculer, l'infanterie n'échappera aux terribles effets des armes actuelles qu'avec le secours de la fortification légère.

Les batailles de l'avenir seront donc souvent fort longues, exigeront des efforts de volonté inconnus jusqu'alors. L'offensive et la défensive ont perdu leur caractère exclusif d'autrefois, et *l'offensive pourra souvent se définir l'occupation successive de positions défensives servant de points d'appui à des bonds vers l'ennemi.*

Les Forces Morales

Je viens d'expliquer que la bataille de l'avenir sera longue et pénible. La volonté s'usera après huit jours de bataille.

Dans de telles conditions, l'éclair d'héroïsme d'autrefois ne suffira pas. Une volonté tenace pourra seule résister aux émotions d'un combat toujours long, mené sous une grêle de balles ou d'éclats d'obus ; les troupes resteront quelquefois des heures et des jours sur une crête dont elles ne pourront déboucher. La force d'inertie à déployer sous la mitraille sera plus déprimante que le plus meurtrier des assauts.

Aussi l'article 242 dit-il avec raison que :

« Les forces morales constituent les facteurs les plus « puissants du succès ; elles vivifient l'emploi des « moyens matériels, dominent toutes les décisions du « chef et président à tous les actes de la troupe. »

Mais n'est-on pas souvent victime d'une dangereuse illusion au sujet des forces morales ou plutôt de « l'Education morale ? » On suppose volontiers que toute la valeur morale d'une armée réside dans celle de ses soldats.

Nous avions laissé entendre nous-même dans notre étude de 1905 que la valeur individuelle du soldat avait été une des principales causes de succès des armées japonaises. En réalité les Russes étaient aussi courageux. Chefs et soldats l'ont montré à maintes reprises. Dans le jugement même du Conseil de guerre qui a condamné le général Stœssel pour avoir rendu Port-Arthur, figure une allusion à sa bravoure personnelle. Et cependant, nous affirmons que la *valeur morale* de l'armée russe, sa valeur offensive était inférieure à celle de l'armée japonaise.

C'est qu'en réalité la valeur morale, entendue au sens de courage, d'héroïsme, est la condition indispensable de l'existence d'une armée, mais elle n'est qu'un élément. C'est à l'attitude calme des Russes devant le danger, à la valeur légendaire du soldat russe que Kouropatkine doit de n'avoir jamais subi un vrai désastre. C'est à leur mépris de la mort que les Japonais ont dû le succès de leurs audacieuses attaques de Port-Arthur comme en Mandchourie.

On doit donc développer la *valeur morale* chez le soldat. C'est indiscutable. Mais ce but une fois atteint, on n'aura formé que la matière première avec laquelle on organise une armée pour la victoire.

Éléments complexes de la valeur morale ou offensive d'une armée. — C'est que dans un atelier de bons outils sont indispensables. Mais encore faut-il pour faire de bonne besogne, qu'on mette ces bons outils dans les mains d'habiles ouvriers, et que ces ouvriers aient le goût du travail, s'y livrent avec ardeur.

Aussi l'article 243 du titre V doit-il être longuement médité. Pour arriver à la perfection qu'il définit, chacun doit dès le temps de paix être sévère pour lui-même encore plus que pour les autres, et élever bien haut son cœur.

« L'officier doit être capable de toutes les responsabilités, de toutes les énergies et de tous les sacrifices. Il est l'exemple constant de sa troupe. »

Il doit perfectionner sans cesse son instruction professionnelle, pour être capable de voir grand à la guerre, de comprendre les indications de ses chefs, de coordonner ses efforts avec ceux des voisins d'autres régiments ou d'autres armes.

Enfin « il *doit être en mesure de remplacer son chef en toute circonstance*. » Dès notre arrivée au régiment un chef fort estimé qui avait fait la guerre l'a souvent répété. Ne croyons pas que ce soit trop d'apprendre à commander l'unité supérieure à celle que nous avons en temps de paix. Car après une journée de bataille les cadres sont souvent cruellement éprouvés.

Les éléments de la valeur morale d'une armée sont donc fort complexes.

Le premier est l'*éducation nationale de tous commencée à l'Ecole*, poursuivie au régiment, étayée sur la connaissance du glorieux passé de notre histoire.

Le second est la *valeur des cadres*. Aux professeurs des écoles militaires, aux colonels des régiments, revient la noble tâche de développer leur instruction et de former leur caractère.

Un autre élément enfin, souvent oublié, s'appuie sur la *conviction de combattre pour une cause juste.*

Les Japonais, outragés par la Russie après leurs victoires de 1894-95 savaient tous qu'en écrasant leur ennemi ils conquéraient leur indépendance future.

Les traditions nationales du Japon, le récit gravé dans leur mémoire des merveilleuses aventures guerrières des Samouraïs agissant puissamment sur leur imagination avaient fait le reste.

Au contraire les Russes, malgré l'attaque traîtresse des 8 et 9 février, ne devaient sûrement pas bien comprendre ce qu'ils venaient faire si loin de leur patrie. Ils pouvaient donc rester courageux, comme leur race les avait faits; ils ne pouvaient pas désirer la victoire aussi ardemment que leurs adversaires.

OPÉRATIONS PRÉLIMINAIRES AVANT LE COMBAT

Avant le combat il est utile que le commandement soit renseigné sur la situation de l'ennemi et sur sa force.

La chose est quelquefois possible : Kuroki savait très exactement, avant la bataille du Yalou, les forces des Russes et leurs emplacements, de même qu'en août 1870 après Wissembourg, le maréchal de Mac-Mahon avait pu voir de ses propres yeux les troupes allemandes débouchant au *Col du Pigeonnier*. Mais ces cas sont exceptionnellement favorables et ne doivent pas nous laisser d'illusions : la plupart du temps le chef ne pourra connaître que le contour apparent des forces ennemies, il saura que ses reconnaissances ou son avant-garde n'ont pu franchir telle ligne. Mais l'ennemi ne cherchera pas à nous montrer ce que nous voulons savoir, et la poudre sans fumée jointe aux abris et couverts naturels du terrain l'aidera à nous laisser dans le doute.

La doctrine russe admettait qu'on ne décide l'offensive et la répartition des forces que lorsque sont connues *exactement* les dispositions prises par l'ennemi. En s'en tenant à la lettre le résultat était inévitablement d'attendre, pour agir, que l'ennemi ait agi lui-même en attaquant, c'était l'expectative passive, mère de dangereuses illusions.

Chacun sait qu'à la guerre on court des risques. C'est même là son principal attrait.

Le chef doit prévoir quelle est la solution qui a le plus de chances de réussir, d'après ce qu'il sait de la situation, en tenant compte des multiples circonstances qui peuvent influer sur l'issue de la bataille.

Le vrai chef doit donc avoir du coup d'œil, disons presque du « flair », pour deviner les dangers imprévus ou les éviter à temps.

Si la conduite de la bataille trouble ses prévisions, il lui faut souvent ce doigté, « ce talent d'inspiration « divine qu'aucune instruction ne saurait lui don- « ner » (1).

En tous cas, ayant réfléchi, ayant choisi son plan, il doit le poursuivre avec la dernière énergie, tant que l'évidence ne le met pas dans la nécessité absolue de le modifier.

Dispositions préparatoires au combat. — Offensive ou défensive? — L'avant-garde ou les avant-postes étant engagés, et bien décidés à mourir sur place s'il le

(1) Conf. faite à l'Académie Nicolas. Expression empruntée à Napoléon.

faut, formant un *rideau infranchissable* (1) aux patrouilles ennemies tenant de bonnes positions en avant du gros des troupes, le chef a devant lui l'espace nécessaire pour s'assurer la liberté de manœuvre.

Cet espace lui donne le temps de réfléchir, il peut accepter ou refuser le combat. S'il l'accepte il peut le choisir offensif ou défensif.

Quelles considérations doivent le guider dans le choix de l'offensive ou de la défensive ?

En résistant sur place on utilise le terrain et toute la valeur du tir d'infanterie. Mais on laisse l'adversaire agir à sa guise, on laisse ses propres troupes dans une attente énervante sous les coups de l'adversaire. Voilà qui est dangereux à la guerre où les facteurs moraux jouent un si grand rôle.

En gênant au contraire la volonté de l'ennemi on affaiblit son moral. Mettre un obstacle à l'exécution de ses projets, c'est lui donner une première crainte de les voir échouer, *c'est le battre à moitié, l'assaut fera le reste.*

L'esprit d'offensive est donc seul capable d'assurer la victoire.

Aussi considérons-nous ici l'offensive comme la règle générale du combat, ne considérant la défensive que comme un cas très particulier.

En tous cas, quel que soit le genre de combat adopté, offensif ou défensif, le chef indique à tous *le but* qu'il se propose et dicte à chacun le rôle qu'il doit remplir. Une fois données, ces indications ne doivent être modifiées qu'en cas d'absolue nécessité et l'ordre de bataille

(1) Le Lieutenant-Colonel Danilov a reproché aux avant-postes Russes d'avoir formé une toile d'araignée tandis que les Japonais ont eu des détachements suffisamment forts pour empêcher à l'ennemi de savoir ce qu'il y avait derrière.

doit laisser aux unités leur constitution normale et leurs chefs habituels.

Qu'on ne constitue pas une brigade avec cinquante morceaux hétéroclites, dont le détachement Orlof à Yentaï peut être considéré comme modèle-type.

Enfin le chef doit avoir confiance dans ses subordonnés; sauf cas d'incapacité notoire, qu'il laisse à chacun pleine liberté dans le choix des moyens d'exécution, qu'il ne commande plus les bataillons par télégraphe, en sautant les échelons.

Il doit diriger l'ensemble, non se noyer dans le détail, pour conserver l'esprit net, de façon à rester capable de préparer la manœuvre décisive ou même de l'improviser pour saisir une bonne occasion.

Cela n'implique d'ailleurs nullement indépendance des unités. A tous les degrés de la hiérarchie la liaison doit être constante.

Même si votre chef immédiat ne vous demande rien, il est bon que fréquemment vous lui rendiez compte de ce qui se passe autour de vous; sachant alors sans cesse qu'il vous a sous la main, il aura l'esprit calme, pourra réfléchir sainement et surtout agir promptement, en face d'une situation imprévue ou d'un danger pressant.

Napoléon disait le 8 octobre 1806 au maréchal Soult : « *Donnez-moi fréquemment de vos nouvelles.* Dans une « guerre combinée comme celle-ci, on ne peut arriver à « de beaux résultats que par des communications très « fréquentes (1). Mettez cela au rang de vos premiers « soins. »

On n'insistera jamais trop sur ce point, dans les petites unités comme dans les grandes, car une troupe enga-

(1) Revue mil. gén. Cap Baignol. Les liaisons. févr. 1908.

gée ne pense souvent à rendre compte que lorsqu'elle s'aperçoit qu'elle a besoin de secours et souvent il est trop tard.

Les moyens de liaison varieront suivant les ressources : télégraphe, téléphone, bicyclistes, cavaliers ; on remarquera combien est lente la communication par plantons à pied. Aussi regrettons-nous qu'on n'ait pas l'habitude d'employer dans les régiments des fanions ou des écrans de signaleurs pour communiquer à de grandes distances, à l'aide d'un alphabet ou mieux d'un code de signaux simples (1).

Remarquons aussi que, tout en utilisant des procédés scientifiques, très pratiques mais souvent sujet à des ruptures, il faudra toujours prévoir une interruption des communications et disposer d'un moyen auxiliaire de liaison.

COMBAT OFFENSIF

Marche à l'ennemi. — Le vrai moyen d'action de l'infanterie est la marche en avant, car le feu seul est impuissant à déloger un adversaire des positions qu'il occupe (2).

Le *feu* de l'infanterie ne sera qu'un auxiliaire destiné à gêner le tir de l'adversaire lorsqu'il sera devenu trop meurtrier et lorsque l'artillerie ne sera pas là pour le ralentir (3).

(1) Nous avons été nous même amené à employer ce procédé par des études sur la mesure des distances Les résultats obtenus nous ont convaincu que ce procédé de communication peut rendre de grands services.

(2) Exemple du Yalou, de Liaoyang.

(3) Cela n'exclut nullement, comme nous le verrons plus loin, l'utilisation des feux dans certains cas favorables pour leur efficacité.

Terrain. Quant au *terrain*, si on le considère comme moyen de combat, on devra surtout lui demander de fournir les cheminements les meilleurs pour *avancer* à l'abri des vues et des coups.

Si les formes du terrain et les couverts habituels le permettent, on avancera aussi près que possible dans des *formations moulées sur les couloirs de protection et peut-être sans tirer* (1), sinon il faudra avancer dans des *formations peu vulnérables.*

Les procédés de combat doivent donc s'appuyer sur des idées très nettes des effets du feu aux diverses distances.

Portée limite des feux de l'artillerie. Avant la guerre russo-japonaise on doutait de l'efficacité des feux exécutés à la portée limite des pièces. Or, des exemples frappants ont prouvé qu'un matériel moins puissant et moins rapide que le nôtre peut produire des effets foudroyants à 5.500 et 6.000 mètres.

Portée limite des feux d'infanterie. Les feux d'infanterie exécutés dans de bonnes conditions sur des objectifs favorables, colonnes ou rassemblements, sont, eux aussi, efficaces aux limites extrêmes de la hausse, au delà de 2.000 (2).

Il n'y a donc plus à douter. Souvent il faudra tirer à de très grandes distances. Ce sera difficile, nous ne le contestons pas.

1° Parce que l'officier lui-même aura bien de la peine à apercevoir des objectifs souvent abrités et à de grandes distances, même avec sa jumelle ;

(1) Exemple de Chiouchanpou.

(2) Voir récit du capitaine Soloviev.

2° Parce que l'appréciation de la distance sera peu facile ;

3° Parce que la désignation des objectifs provoquera de nombreuses erreurs et la perte de nombreuses cartouches.

Ces raisons sont aussi peu solides l'une que l'autre. D'abord les officiers doivent abandonner résolument ces ridicules instruments que nous appelons pompeusement jumelle et quelquefois longue-vue, qui grossissent à peu près autant qu'un lorgnon.

La jumelle à prismes grossissant huit fois doit faire partie de la tenue de campagne de l'officier.

En outre, l'acuité visuelle peut se développer en étudiant le terrain d'une façon méthodique ; en fixant son attention successivement sur les différentes parties du panorama à fouiller, l'attention est attirée sur bien des détails qui auraient passé inaperçus dans un coup d'œil d'ensemble.

Dans les guerres de l'avenir on sera souvent cloué sur place assez longtemps pour faire un repérage au moins sommaire des objectifs et de leurs distances.

L'exécution du tir par les hommes se fera dans des conditions favorables, en appliquant *souvent* les procédés indiqués par le règlement (main-tendue, travers de doigt, désignation des objectifs par rapport à des repères très visibles), c'est là un des facteurs principaux de la préparation à la guerre.

Quant à l'appréciation des distances, nous verrons plus loin ce qu'en dit un témoin de la campagne de Mandchourie.

L'efficacité des feux d'infanterie dans une guerre entre deux grandes nations militaires doit être une chose acquise.

La campagne du Maroc a donné sans doute encore tout récemment des exemples de tir piteux. L'expérience du polygone nous montre que le pour cent est dérisoire. Mais a-t-on le droit d'en déduire qu'une troupe mise à la place des panneaux sera bien à son aise ?

Ce jugement est aussi peu valable que celui qu'on a porté sur l'attaque de la flotte russe par les torpilleurs japonais, dans la nuit du 8 au 9 février ; 23 torpilles ont été lancées et 3 ont touché. Ça ne fait que du 13 0/0. Cela empêche-t-il que la flotte russe ait été subitement affaiblie et décontenancée (1) ?

Marche d'approche de 6.000 et 2.000. — A 6 kilomètres de l'artillerie adverse (2), même si le contact n'a pas encore été pris (si on se trouve seulement dans la zône de combat possible), il faut à tout prix quitter les formations de route, pour d'autres plus souples adaptées aux couverts dont on dispose.

Toutes les troupes qui ne sont pas sous la protection immédiate de l'avant-garde doivent se couvrir par des patrouilles, ou même par de véritables postes de sûreté.

Formations. — Les formations à prendre pour les marches d'approche sont aussi variables que les formes des couverts et abris naturels.

Les unités se groupent, se disloquent, s'égrènent suivant les cas pour se reformer ensuite, car :

« *Pour diminuer les pertes le meilleur moyen est* « *d'être invisible. Ensuite viennent les formations peu* « *denses.* » – Les officiers doivent prendre la même position que les hommes car leur visibilité pourrait être

(1) *Voir le Cap. Soloviev.* De l'efficacité du tir d'infanterie due au grand nombre de cartouches consommées.

(2) Et même 7 kilom. Voir Rev. mil. des A. Etr., janv. 1906, p. 3.

funeste à leur troupe, en offrant à l'ennemi des points de repère pour son tir.

Les bataillons doivent s'ouvrir en lignes de sections présentant chacune un front étroit et entre elles des intervalles suffisants pour qu'un même projectile ne puisse en frapper qu'une à la fois (30 ou 40 pas si l'on a la place).

L'artillerie a plus de facilité de régler son tir sur les fronts étendus et continus que sur des fractions étroites et espacées. Elle peut ainsi difficilement observer par la fumée de ses coups si elle a tiré trop long ou trop court.

En outre le fractionnement et l'espacement des unités présente un grand avantage moral. A nombre égal, les pertes localisées dans des unités isolées impressionnent moins les hommes des unités voisines que si elles se produisaient dans une ligne continue.

Ce fractionnement doit d'ailleurs momentanément disparaître lorsqu'un couloir de défilement peut être utilisé avantageusement par plusieurs unités voisines.

Il faut faire une distinction très nette entre les abris et les couverts. Ce serait dangereux de se placer derrière un buisson ou une haie où l'ennemi sait qu'on vient de se cacher. Car son artillerie peut répérer son tir sur le buisson sans vous voir vous-même. Il suffit qu'elle connaisse votre présence et qu'elle voie le buisson.

Marche d'approche à partir de 2.000 mètres (Zône des feux d'infanterie).

La marche peut se continuer d'après ces principes jusque vers 1.500 ou 2.000 mètres en terrain découvert. On entre alors dans la zône efficace des feux d'infanterie.

Leur puissance, qui se manifeste déjà dans le voisinage

des limites de la hausse, devient considérable à 1.000 mètres.

En terrain découvert la marche en colonnes par 2 ou par 4 n'est plus possible, même par bonds. Il faut avancer par petits groupes, souvent même homme par homme. On doit utiliser les moindres plis de terrain pour dérober sa marche.

Le capitaine Soloviev recommande la marche en file indienne à 10 pas, au pas de course, pour aller d'un abri au suivant.

Dans les arrêts à l'abri d'une crête on doit tenir compte de la pente du terrain. Souvent elle n'est pas suffisante pour procurer un abri contre les balles qui rasent le sol. Si l'on n'a pas à tirer il faut souvent descendre assez bas au dessous de la crête pour être protégé.

Chaque compagnie marche pour son compte, en s'arrêtant de préférence sur les positions bonnes pour la défensive, tant que les compagnies voisines ne sont pas arrivées à sa hauteur.

Après chaque arrêt le capitaine se porte en avant pour reconnaître le terrain devant lui : emplacement à occuper, points de repère, etc.

« *Lorsque le moment du déploiement pour tirer est « venu*, le capitaine indique le secteur de la compagnie, « les sections de chaîne, et envoie des éclaireurs en « avant pour reconnaître et jalonner ainsi sommaire- « ment, l'emplacement du déploiement. Les sections « s'y portent en se défilant lorsque les éclaireurs en « observation (ou le capitaine) indiquent qu'on peut « avancer » (1).

(1) Quand on est décidé à tirer, il y a avantage à déployer immédiatement assez de monde pour que le feu soit puissant, sinon on n'obtient rien, tout en s'exposant soi-même aux coups.

Le déploiement doit se faire rapidement, les hommes doivent être exercés à se placer du premier coup à leur emplacement définitif, de façon qu'on n'ait pas à faire de rectifications. Les allées et venues qui en résulteraient indiqueraient à l'ennemi l'emplacement de la troupe et lui seraient funestes. Pour cela il y a avantage à occuper de larges fronts, pour que les hommes aient un peu les coudées franches.

On détache ensuite un ou deux observateurs par section qui étudient le terrain et observent les mouvements de l'ennemi.

Car la caractéristique du combat moderne est le *vide du champ de bataille*. On ne voit que de courtes apparitions de silhouettes faisant un bond rapide et qui disparaissent ensuite.

Réglage du tir d'infanterie. — Dans les guerres de l'avenir les feux seront donc particulièrement difficiles à exécuter :

1° *Parce qu'il faudra désigner aux hommes des objectifs inanimés quelquefois difficiles à distinguer*, point d'une ligne d'arbres, buisson, point déterminé d'une crête, où on sait que l'ennemi vient de se terrer. La confusion sera fréquente.

2° *Le caractère fugitif des apparitions rendra difficile l'appréciation des distances* basée soit sur la visibilité plus ou moins grande des détails soit sur le déplacement angulaire de deux images.

Il faut donc dans le temps de paix :

1° Nous habituer à désigner aux hommes des objectifs de plus en plus difficiles à préciser. en opérant d'abord sur des objectifs très visibles dans des terrains peu encombrés, buissons, arbres isolés, puis sur des objectifs peu apparents, dans des terrains nus manquant de repère, en indiquant de simples plis de terrains peu apparents, ou dans des terrains très couverts où la confusion sera facile au milieu de nombreux détails.

Il faut former des observateurs qu'on détachera en avant des sections ou sur les flancs aux points favorables pour observer les déplacements d'un ennemi marchant par bonds en utilisant le terrain.

Enfin il faut nous *exercer tous* à la pratique de l'appréciation et de la mesure des distances. Si les procédés actuels sont bien imparfaits, il faut du moins savoir les utiliser le mieux possible sans ajouter à leur manque de précision des erreurs grossières.

Les chercheurs doivent d'ailleurs tâcher de les perfectionner ; un officier a doté l'infanterie du fusil à répétition. Pourquoi un officier ne la doterait-il pas d'un bon télémètre ?

Il faut un appareil *portatif* à une *seule station* donnant, sinon la distance d'un but inanimé (télémètre instantané Souchier — télémètre Barr et Stroud), au moins sur un fantassin qui se déplace une mesure plus rapide et plus exacte que la jumelle-télémètre actuelle (1).

Repassons nos vieux cours d'optique et peut-être l'un de nous trouvera-t-il quelque chose?

Enfin à défaut de bons télémètres, sachons utiliser la capacité de certains hommes nés appréciateurs de distance à la vue (2).

(1) Un appareil donnant une déviation variable et mesurable prenant pour base un déplacement correspondant à la hauteur totale de l'image donnerait une mesure susceptible de beaucoup plus de précision qu'un appareil à déviation fixe et à superposition partielle des images. — Voir notre étude spéciale de télémétrie.

(2) Parmi les bons appréciateurs que j'ai rencontrés, un réserviste, géomètre de profession, appréciait jusqu'à 2.000 mètres avec une étonnante précision.

Dans chaque section la moyenne des deux meilleurs appréciateurs donne souvent de bons résultats.

Le capitaine Soloviev estime (contrairement aux idées qui ont cours en France, surtout chez les jeunes officiers) conformément à notre règlement de tir que l'aptitude à évaluer à la vue peut et doit se développer par l'exercice. Et il ajoute que c'est souvent le seul moyen utilisable à la guerre. Car le réglage par l'observation des coups est souvent impossible et les télémètres actuellement adoptés sont le plus souvent inutilisables. Enfin on n'a pas toujours de batterie d'artillerie à proximité pour lui demander la distance qu'elle a pu mesurer, soit expérimentalement (en règlant son tir), soit à l'aide des télémètres. Quant à la mesure sur la carte, elle ne sera pas toujours possible, si l'on ne possède qu'une carte à très petite échelle et, même avec une bonne carte, si la position des tireurs ou du but est difficile à déterminer exactement.

Discipline du feu. — Exécution. — Les feux seront comme *toujours*, difficiles à bien exécuter. Même avec des hommes bien exercés dès le temps de paix, on observera des gaspillages de munitions.

Le bruit de la fusillade et du canon couvrira souvent la voix du chef. Il faut donc s'habituer à diriger le tir au sifflet.

Efficacité. — Aux limites extrêmes de la hausse le tir au fusil est efficace sur des objectifs compactes, batteries attelées, formations de rassemblement, colonnes épaisses.

A 1.000 mètres il devient très meurtrier.

Vers 800 mètres les balles d'infanterie interdisent tout mouvement prolongé en terrain découvert.

Il est vrai que lorsque la distance diminue, la nervosité des tireurs s'accroît. A 4.000 mètres les balles frappent souvent en arrière de l'assaillant, en passant au-dessus de sa tête.

C'est le cas d'utiliser la mitrailleuse dont le tir calme et régulier produit des effets foudroyants. (Nous reviendrons plus loin sur l'utilisation de cette arme nouvelle).

Genre de feux. — Le feu *de salve* ne sera guère possible aux distances inférieures à 1.000 ou 1,200 mètres.

En règle générale, le meilleur genre de feu consistera en rafales courtes, mais violentes (exécutées soit à cartouches comptées, soit à volonté), mais agissant puissamment et par surprise. En présence d'objectifs fugitifs on pourra user du feu à répétition lorsqu'ils apparaîtront à bonne distance.

Consommation de munitions. — La consommation de munitions a été énorme dans la guerre Russo-Japonaise. Un régiment de la 35e division Russe a brûlé, du 13 au 17 octobre, 1.920.730 cartouches (600 à 1.000 cart. par homme). Pourtant jamais le manque de munitions ne s'est fait trop sentir, car on a toujours veillé avec le plus grand soin au ravitaillement.

D'après la moyenne de la consommation des différents corps, notre approvisionnement de la ligne de bataille semble suffisant, mais il serait peut-être avantageux que l'homme eût normalement 200 cartouches sur lui.

Il y a quelque chose à étudier dans le mode de fermeture des cartouchières et la répartition de leur charge pour les rendre moins encombrantes et empêcher leur perte dans les bonds successifs, en creusant le sol, en se couchant.

PÉRIODE INTENSIVE DU COMBAT ET ASSAUT

Au début d'une bataille le feu est localisé en quelques points isolés du front. Peu à peu il s'étend et au bout d'un certain temps toutes les troupes de première ligne ont pris le contact, la fusillade s'étend sur tout le front. C'est un crépitement continu résultant d'une multitude de combats partiels et voisins.

Mais la situation respective des adversaires n'est pas la même partout. Matériellement elle dépend du terrain, des travaux exécutés par la défense, des pertes subies de part et d'autre.

Moralement elle dépend de la valeur offensive ou défensive des unités en présence, des chefs qui les commandent. Là intervient la *force morale* et c'est peut-être l'essentiel.

Aussi lorsqu'on arrivera au contact immédiat, l'assaut des positions ennemies ne pourra pas être livré simultanément sur tout le front.

En chaque point la marche en avant sera une affaire de tact, de volonté tenace utilisant la moindre défaillance de l'adversaire, plutôt qu'une affaire de possibilité matérielle.

Il n'y a pas à attendre d'ordres. En chaque point où le moral de l'ennemi commence à faiblir, et si on est à bonne portée (1), un chef énergique doit lancer sa troupe à la baïonnette.

A certains moments les minutes sont précieuses. Une bonne occasion qu'on laisse échapper ne se représen-

(1) La distance d'assaut s'est montrée bien inférieure à ce qu'on croyait encore en 1904. 100 mètres au plus.

tera pas. L'ennemi reprendra confiance et l'on ne pourra plus le terrasser qu'au prix d'efforts surhumains. (Nogi à Moukden (1).

Souvent la lenteur, le manque de confiance en eux-mêmes a empêché les Russes de punir les Japonais de leurs fautes. Des mouvements imprudents sont ainsi devenus des manœuvres décisives.

Assaut. — Après la guerre du Transvaal, bien des apôtres de la puissance du feu croyaient qu'on n'en viendrait plus à l'assaut, que l'adversaire affaibli par le feu se replierait avant qu'on ait abordé ses tranchées. Appuyés sur cette théorie, certaines armées avaient réduit la longueur de leur baïonnette, de façon à en faire un outil tranchant ou un couteau à dos de scie utilisable au moins pour les travaux de bivouac, s'il devenait inutile au combat.

La campagne de Mandchourie a prouvé que, quelles que soient les pertes subies par le feu, une troupe n'abandonnera ses positions que sous la menace effective de l'arme blanche. Les combats corps à corps ont même acquis dans cette guerre une intensité inconnue jusqu'alors. Les vigoureux soldats Russes reçurent vaillamment les assauts féroces de leurs adversaires.

Cependant la puissance de l'armement actuel a réduit notablement la distance de l'assaut qui doit se faire à très courte distance, sans quoi l'assaillant sera impitoyablement fauché avant d'aborder la position.

Pour favoriser le dernier bond en jetant le trouble

(1) A Moukden l'aile gauche japonaise était un rideau sans épaisseur. La crainte de l'enveloppement a décidé Kouropatkine à la retraite. L'arrivée des troupes de Kuroki à l'est de Moukden a décidé la victoire car il est probable que les Russes auraient pu avoir facilement raison de ces troupes exténuées, à l'est comme à l'ouest.

chez les adversaires, les Japonais ont même remis en honneur les grenades à main qui se jetaient par-dessus les tranchées avant de franchir le parapet.

Leur effet moral est, paraît-il, considérable.

POURSUITE

D'après la tactique napoléonienne, la victoire ne peut être brillante, complète, que si l'on exécute la poursuite après l'assaut.

Aussi beaucoup de critiques ont-ils reproché aux Japonais de n'avoir jamais poursuivi, sauf peut-être après Moukden. Et encore ne fut-ce là qu'un essai bien timide.

Il ne faut pas perdre de vue qu'ils avaient affaire à un adversaire dont le moral n'a jamais été abattu. Les soldats et les officiers, reculant par ordre du chef qui craignait l'enveloppement, affirmaient ne jamais avoir été battus. La retraite se faisait toujours dans un ordre parfait.

Or la poursuite suppose un adversaire reculant en désordre et hors d'état de répondre aux coups qu'on lui porte.

D'autre part pour poursuivre il faut des troupes fraîches. Car la guerre moderne exige une telle dépense d'énergie pendant le combat, que les troupes engagées dès le début sont exténuées après l'assaut, et hors d'état de poursuivre. Or les Japonais déployaient dans la bataille presque tout leur monde, Kuroki à Moukden n'exécuta son essai de poursuite qu'au prix d'efforts surhumains. Ses troupes étaient exténuées après avoir exécuté une marche des plus pénibles.

Engagées les premiers jours de la bataille, elles avaient

pris le contact depuis le 25 février; 14 jours d'efforts continus!

En tous cas, si la poursuite ne sera pas toujours possible, le chef devra toujours la prévoir. C'est à cela que servira sa réserve. Les mitrailleuses pourront faire là de bonne besogne. Elles conviendront même mieux que l'artillerie, dont le manque de mobilité pourrait être un grave danger en cas de retour offensif.

La cavalerie, enfin, pourra jouer son rôle. Si dans la guerre Russo-Japonaise elle n'a fait que de rares apparitions sur le champ de bataille, on ne peut nullement dire que son règne est fini! Dans les guerres de l'avenir, où des masses énormes de combattants seront aux prises, l'infanterie en retraite ne sera pas toujours capable de lui opposer son feu. Le sabre n'a pas dit son dernier mot.

RUPTURE DU COMBAT. RETRAITE

Dans toute action offensive il peut arriver que certaines fractions s'étant trop avancées, soient dans l'obligation de reculer momentanément.

Les troupes en arrière doivent alors, si c'est possible, protéger cette retraite par le feu.

Elles gêneront ainsi le tir ennemi, peut-être même le rendront impossible en forçant l'adversaire à se terrer, pendant que les troupes avancées battront en retraite.

Si les circonstances réduisent la troupe en retraite à ses seuls moyens, la retraite sera souvent très pénible, elle devra s'exécuter par échelons.

DÉFENSIVE

Nous avons admis et montré que la défensive mène à une défaite certaine.

Cependant on doit prévoir des cas où on sera obligé de rester sur la défensive, soit parce qu'ayant pris pied avec un faible effectif sur de solides positions, favorables à l'utilisation de la puissance du feu, on attendra le moment de reprendre l'offensive avec des forces supérieures, soit parce qu'on fera partie de la garnison d'une place forte à défendre.

Il faut donc étudier la meilleure façon d'utiliser dans la défensive, la puissance de combat dont on dispose.

D'une manière générale le combat défensif est caractérisé par l'abandon plus ou moins complet, par le défenseur, d'une des propriétés essentielles de ses troupes : *leur mobilité*, leur faculté de manœuvrer. Par contre la défensive permet mieux que l'offensive de tirer parti du terrain et de faire une meilleure application de la puissance du tir.

En effet elle donne souvent le temps d'organiser solidement les abris naturels du sol, de dégager le champ de tir, de repérer les distances.

Favorisant donc la protection des troupes, et rendant leur tir plus efficace, elle semble présenter de grands avantages à une troupe numériquement inférieure.

Mais l'histoire a toujours montré qu'à elle seule la défensive ne peut amener que des défaites. La guerre Russo-Japonaise a de nouveau confirmé cette observation.

Lorsqu'on sera dans la nécessité absolue de rester sur la défensive on devra se souvenir des avantages qu'elle présente; mais on devra se garder de la considérer comme un moyen de vaincre. La défensive n'est qu'un moyen d'empêcher la défaite d'une fraction isolée ou de retarder celle de l'ensemble d'une armée qui considère la défensive comme son système.

Lorsqu'on sera réduit à l'adopter, la défensive ne devra donc pas faire renoncer complètement au facteur *manœuvre* et *mobilité*, de façon qu'on mette tous les atouts dans son jeu.

RECONNAISSANCE DU TERRAIN

La reconnaissance du terrain se fera conformément à ces principes. Son but ne sera pas exclusivement d'étudier une merveilleuse organisation de tranchées sans angles morts. Les Russes, étant maîtres de l'art, ont fait en Mandchourie de remarquables travaux qui leur permettaient de bien battre le terrain en avant et de résister solidement sur place (1).

Mais cela ne suffit pas. De même que dans l'offensive on doit souvent savoir utiliser la pelle et la pioche, de même dans la défensive, on doit prévoir la manœuvre et laisser la place à l'offensive finale.

« Sans se laisser entraîner à prendre à l'avance des « dispositions prématurées, le chef envisage dans son « esprit toutes les éventualités qui peuvent se produire... « Il cherche à se rendre compte des facilités que peut « offrir le terrain pour amener les troupes adverses à « combattre dans des conditions qui leur permettront

(1) Et encore nous verrons que leurs organisations défensives ne répondaient pas toujours à l'idéal (lignes trop continues, défenses accessoires solides, mais champ de tir mal dégagé. Prévision de la retraite et non de la contre-attaque).

« de les attaquer avec des chances de succès. ...Il « recherche des couloirs qui peuvent favoriser les mou- « vements préparatoires aux contre-attaques et aux « retours offensifs ».

Tout cela nous mène bien loin de l'attitude des Russes sur le Yalou. Reconnaissons d'ailleurs que ce détachement était trop faible pour espérer un succès, mais encore aurait-il pu essayer de cacher ses forces aux Japonais avant la bataille, et observer une attitude plus active.

OCCUPATION ET DÉFENSE DES POINTS D'APPUI

Conditions à remplir. — La position choisie pour la défensive étant reconnue, son occupation sera organisée de façon à :

1° Tromper l'ennemi ;

2° L'empêcher de franchir la ligne de résistance choisie ;

3° Le vaincre après l'avoir arrêté.

C'est sur ce triple but que sera basée la répartition des troupes.

1° Une faible partie occupera des *positions avancées* incapables à elles seules d'arrêter définitivement l'ennemi, mais destinées à le faire déployer prématurément, à retarder momentanément sa marche, et à lui faire perdre une partie de sa mobilité. Dans leur retraite les postes des positions avancées, l'amèneront même insidieusement sous le feu des troupes cachées en arrière.

2° Une portion plus importante, la majeure partie des troupes de la défense, occupera la ligne favorable à l'utilisation des feux. Mais au lieu d'occuper une ligne de résistance continue, elle sera divisée en groupes d'importance variable, tenant les différents points d'appui de la ligne de résistance, points choisis de façon qu'ils se prêtent un mutuel appui et qu'aucun d'eux ne gêne le tir de ses voisins.

De nombreux couloirs devront être ménagés dans la ligne de défense pour permettre de prendre facilement l'offensive.

Les points d'appui seront organisés aussi solidement que possible, surtout si on a pu d'avance déterminer les positions probables de combat Les distances de tir seront repérées.

Les positions avancées seront organisées moins solidement puisqu'elles ne seront occupées probablement que peu de temps. Ces dernières surtout devront être disposées de façon à ne pouvoir être utilisées par l'ennemi lorsqu'on les évacuera.

3° Enfin une dernière portion de troupes de la défense devra être gardée en réserve non pas pour être inutilisée (Liaoyang) mais pour manœuvrer et exécuter la *contre-attaque* prévue au moment où le feu de la ligne principale de défense aura affaibli suffisamment l'ennemi.

Soyons bien convaincus que cette manœuvre est possible. Les Russes eux-mêmes ont prouvé sur le Chaho qu'ils étaient capables de la mener à bien lorsqu'ils étaient énergiquement conduits.

Profil des travaux à exécuter. — Quelle que soit l'importance des travaux à exécuter, il faut à tout prix éviter qu'ils soient visibles de loin et qu'ils puissent être utilisés tôt ou tard par l'ennemi.

Pour qu'ils soient peu visibles il faut éviter de leur donner un relief trop apparent et une forme trop régulière. Faire soigneusement les revêtements de gazon.

Pour qu'ils ne fournissent pas un abri à l'ennemi, il faut renoncer aux ouvrages de fort relief.

A Liao-Yang les Russes avaient fait en avant de leurs défenses accessoires un petit talus destiné à les masquer. Ce talus à pente très raide du côté de l'ennemi, servit d'abri aux assaillants à leur dernier bond avant l'assaut. Aussi faut-il nous habituer à ces ouvrages se rapprochant du profil triangulaire à pente très douce aussi bien à l'arrière de la tranchée que sur le parapet de la masse couvrante.

Défenses accessoires. — « Tous les perfectionnements « apportés dans l'emploi des défenses accessoires trou- « vent leur application, malgré les obus-torpilles qui « devaient tout démolir. La banquette destinée à les cou- « vrir contre le tir de l'artillerie adverse, a cependant « son utilité, à condition toutefois de ne pas être réver- « sible, comme nous l'avons vu plus haut ».

Mais il faut surtout dégager parfaitement le champ de tir en avant de ces défenses accessoires. Les Russes ayant négligé (à Liaoyang) d'abattre le sorgho suffisamment loin en avant de leurs réseaux de fil de fer, les Japonais purent avancer souvent sans être vus jusqu'à 100 mètres des tranchées Russes, et là encore ils trouvèrent l'abri de la banquette citée plus haut.

Valeur d'une semblable organisation défensive. — On conçoit que l'attaque d'une position défendue d'après ces principes par l'infanterie pourvue de l'armement actuel (à plus forte raison si elle est soutenue par de l'artillerie) devient tellement dangereuse qu'elle ne peut se faire de vive force (1).

(1) Voir attaques qui furent clouées sur place à Liaoyang Chiouchampou, ou Port-Arthur.

L'attaque ne peut se faire que par petits groupes par bonds, et encore souvent, arrivé aux moyennes et aux courtes distances, l'assaillant a dû attendre la nuit pour approcher de la position, et après ce bond, creuser la terre en s'arrêtant, de façon à y trouver un abri une fois le jour venu.

A ce point de vue la guerre Russo-Japonaise a été fertile en enseignements. Elle a confirmé l'expérience de la guerre du Transvaal en montrant d'une façon indiscutable la puissance de l'armement moderne.

En France nous avions déjà adopté bien avant la guerre de Mandchourie la méthode du mouvement abrité (1), mais personne n'aurait supposé quelle extension devaient prendre la fortification légère de campagne, et les attaques de nuit.

Reconnaissons d'ailleurs que notre approvisionnement en outils portatifs a été immédiatement mis en concordance avec les besoins du combat moderne et que maintenant tout le monde s'accorde chez nous à reconnaître la nécessité de nous exercer aux marches et aux combats de nuit, quelles que soient les fatigues qui en résultent pour les troupes.

PARTICULARITÉS DU COMBAT DE L'INFANTERIE

Détachements. — Les deux adversaires ont fait largement usage de détachements, surtout de *détachements mixtes*. Malheureusement on ne possède pas encore de

(1) *Mouvement abrité.* A Liaoyang, 2 divisions japonaises ont pu avancer sur un espace de 900 mètres sans tirer un coup de fusil (Revue de Paris, 15 février 1905). — L'Allemagne avait refusé longtemps de croire à la nécessité de la marche par bonds et par petits groupes. En 1901-1902, nous avons pu voir avec stupéfaction des troupes manœuvrer à courte distance sous le feu dans des formations denses et vulnérables que nous avions abandonnées depuis longtemps.

documents assez précis pour en tirer d'instructifs enseignements (1).

Remarquons cependant quel nouvel élément de force des détachements d'infanterie ou de cavalerie trouveront à l'avenir dans les mitrailleuses (2).

Mitrailleuses. — Plus mobile que l'artillerie, offrant un but moins visible et moins vulnérable, cette arme, dont le tir est d'une efficacité redoutable, donnera en particulier à la cavalerie une force inconnue jusqu'alors. Les Russes comme les Japonais ont augmenté au cours de la guerre le nombre de leurs mitrailleuses. Toutes les nations marchant sur leurs traces en ont créé de nombreuses unités. En France on a étudié ce nouvel engin, et beaucoup de corps en ont reçu. On ne saurait cependant se contenter de ce qui a été fait chez nous jusqu'à ce jour. La France ne peut s'arrêter là tandis que tous les pays augmentent résolument le nombre de leurs détachements.

L'INFANTERIE ET LES AUTRES ARMES

Nous avons déjà dit plus haut que rarement l'infanterie mènera un combat par ses seuls moyens. Elle aura presque toujours l'artillerie pour voisine. Souvent le génie lui prêtera le secours de sa science (préparation de la marche, ponts, reconnaissance par ballons diri-

(1) Depuis que nous avons écrit ces lignes a paru sur ce sujet une intéressante étude du Lieutenant-Colonel Meunier dans la Revue Mil. Générale.

(2) Le colonel Danilov reprocha aux détachements Russes de n'avoir pas été suffisamment couverts. La cavalerie ne suffit pas pour former un rideau.

Les détachements des Japonais soutinrent toujours la cavalerie par de l'infanterie.

« Avant le Chaho le maréchal Oyama avait des détachements de couverture « composés de toutes armes qui lui avaient permis de voir clair dans la situation ».

geables, destruction des défenses accessoires ennemies avant l'assaut.

La cavalerie lui donnera des renseignements avant la bataille, l'aidera dans la poursuite, assurera souvent la liaison matérielle.

Il faut donc en temps de paix développer la solidarité que le sang resserrera sur le champ de bataille. Sans doute c'est le combat lui-même qui forme le mieux les guerriers quel que soit leur grade. Mais ne nous illusionnons pas au point de croire qu'il n'y a rien à apprendre avant. Il faudra nous présenter à la bataille avec un acquit solide, pour ne pas être obligé de faire une théorie pratique sous le feu de l'ennemi et de gaspiller nos forces en hésitations (1).

A la guerre les moindres fautes se paient cher, et le préjudice qu'elles causent est long à réparer.

La solidarité entre les armes se développera par des manœuvres combinées de troupes de toutes armes. Dans les garnisons où elles sont impossibles, on y remédiera en figurant toujours les autres armes dans les exercices sur la carte, les exercices de cadres. Enfin les officiers devront sans cesse rappeler à leurs hommes la grandeur de ce devoir de mutuel appui.

Le général Bernard recommande même dans ses belles pages à un jeune officier d'utiliser dans ce but l'historique des corps de troupes faisant partie d'une même unité, brigade, division ou corps d'armée.

En apprenant d'avance à se connaître, on s'estimera davantage, la liaison sera donc assurée avant la bataille.

(1) Le VIe corps paya chèrement son manque de préparation. V. Conf. guerre Russo-Japonaise, 5e fascic. p. 120.

CARACTÈRE SCIENTIFIQUE DE LA GUERRE MODERNE

Il faut reconnaître enfin le caractère scientifique qu'a revêtu la guerre sur un théâtre d'opérations moins favorable que ceux d'Europe à l'utilisation de bien des perfectionnements modernes.

Le développement des moyens de communications télégraphiques ou téléphoniques, des projecteurs électriques, de la guerre de mine, et les perfectionnements des services alimentaire et sanitaire ont été relativement considérables.

Les combats de nuit se développant concurremment avec les progrès de l'armement, une lutte s'est établie entre le procédé de combat et les moyens de l'empêcher: ils ont fait naître les *projecteurs électriques*.

Le commandant Driant, aux inspirations prophétiques nous montrait il y a bien longtemps, dans la *Guerre de Demain*, son vieux colonel de génie organisant une batterie de piles pour reconnaître la nuit la marche des troupes assaillantes à l'aide de l'arc électrique.

A l'avenir chaque division devra posséder son projecteur, en Campagne aussi bien que devant les places fortes, puisque la guerre de Campagne moderne ne diffère plus de la guerre de siège que par la durée et l'importance des moyens mis en œuvre.

Il est à la guerre un certain nombre de facteurs qui semblent secondaires, on les laisserait volontiers de côté si on n'y prenait garde.

En réalité rien n'est secondaire pour arriver au but. On doit mettre en œuvre tous les moyens dont on peut disposer.

Aussi la France ne doit-elle pas y regarder lorsqu'elle sacrifie quelques millions à des études intéressant la défense nationale. Ballons dirigeables, télégraphie, téléphonie, transports automobiles tous les récents perfectionnements de l'industrie doivent prêter leurs concours à la conquête de la victoire.

La France qui est toujours en tête quand il s'agit de découvrir quelque chose de nouveau, doit être la première à profiter du génie de ses savants. Le développement de l'industrie nationale ne pourra qu'y gagner en même temps que la défense de notre territoire.

CONCLUSION

La guerre Russo-Japonaise montre que les grandes maximes de la guerre n'ont pas changé, que le perfectionnement des armes à feu n'a modifié que le détail.

D'ailleurs pourrait-il en être autrement? La guerre est la lutte de deux armées composées d'hommes et en quoi l'âme humaine pourrait-elle se modifier subitement? La guerre restera donc la même dans ses principes puisque les éléments essentiels, *les combattants* restent des hommes.

Cette dernière guerre a surtout rappelé à la réalité des choses les pacifistes prêts à s'endormir dans un rêve de justice et de fraternité universelles.

La guerre aussi vieille que le monde, ne disparaîtra qu'avec lui, puisqu'elle est un des maux inhérents aux inperfections de la nature humaine.

Les nations soucieuses de leur grandeur et de leur liberté doivent donc, comme autrefois, se tenir prêtes à repousser tous les assauts.

Plus que jamais elles doivent se convaincre qu'une armée ne s'improvise pas. La préparation du temps de paix a une influence décisive sur les premières batailles d'une Campagne et l'avance acquise ainsi se manifeste pendant toute la durée de la guerre.

Car aujourd'hui la lutte est un jeu savant et terrible où les moindres fautes profitent à l'adversaire. Tout compte dans ce jeu : aussi bien la force matérielle que le courage, aussi bien la ruse que le nombre.

Aucun détail ne doit donc être négligé pour la défense de notre territoire et de nos droits. Plus les armées se perfectionnent, devenant de superbes instruments de précision, plus ceux qui en reçoivent le commandement doivent être d'habiles ouvriers.

La France doit à son passé de ne pas se laisser endormir par des promesses de paix. Pour qu'elle soit respectée, travaillons sans relâche chacun suivant nos moyens.

Etudions sur le terrain les merveilleux règlements qui résument nos devoirs, ils nous montrent avec une lumineuse netteté l'idéal à poursuivre.

La pratique constante du commandement dans les circonstances les plus variées développera notre confiance en nos chefs, en nous-mêmes et en nos subordonnés.

Nos glorieuses expéditions coloniales, la récente campagne du Maroc sont des preuves que la valeur militaire n'est pas morte en France.

Malgré de rares exceptions, notre soldat reste le premier du monde, ses précieuses qualités qui ont fait la gloire de notre pays, sa gaieté, son entrain au feu, son dévouement et son esprit de sacrifice qui, dans les guerres de la Révolution et de l'Empire, ont permis à ses chefs de tout oser, sont des facteurs dont les nouvelles méthodes de guerre n'ont pas diminué la valeur.

Quant aux idées antimilitaristes, aux théories pacifistes, ombres souvent de la lâcheté, des gens de cœur consacrant leur plume à la défense de la patrie sauront arrêter leur développement.

La France peut donc avoir confiance dans son avenir.

D'ailleurs à travers les vicissitudes souvent si cruelles de son histoire, n'a-t-elle pas toujours su reconquérir sa glorieuse place dans le monde?

Si l'avenir réserve des surprises aux partisans de la paix, nous pouvons les attendre sans crainte. L'étude de la guerre actuelle est la justification de nos méthodes elle permet en outre d'affirmer que les qualités naturelles de notre race joueront encore leur rôle sur le champ de bataille. A nos forces matérielles s'ajoutera l'élan sans lequel les nations ne sont jamais victorieuses.

ESCALLE.

Auxerre, le 26 mars 1908.

INDEX ALPHABÉTIQUE

A

Armée Japonaise. — Maréchal Oyama, commandant en chef. 17

Artillerie Japonaise. —

1° *de campagne.* Canon Arisaka du calibre de 75^{mm} à tir accéléré, permettant de tirer 4 à 5 coups par minute. (Flèche élastique et récupérateur).

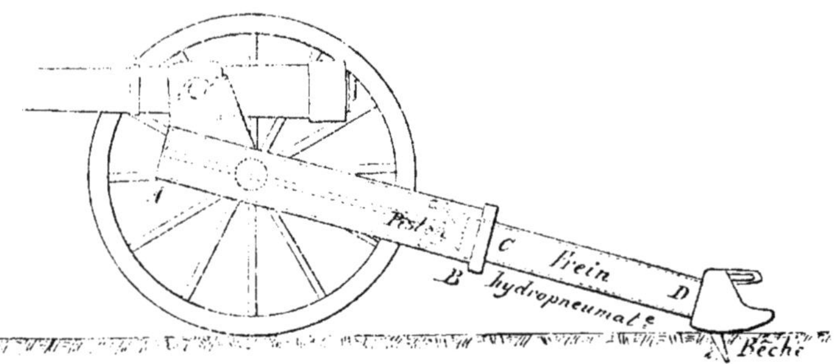

2° *Artillerie lourde.* — Au début les Japonais employèrent de vieux obusiers de 12 à 15 cm. du modèle Krupp, des pièces de 15 cm. prises aux Russes et de 9 cm. sur affût plate-forme. En été 1905 arrivèrent des obusiers à tir rapide Krupp de 10 et de 12 cm.

Artillerie Russe. —

1° *Batteries de campagne* à 6 pièces, du calibre de $76^{mm}2$ (3 pouces), à recul sur l'affût, frein à la gly-

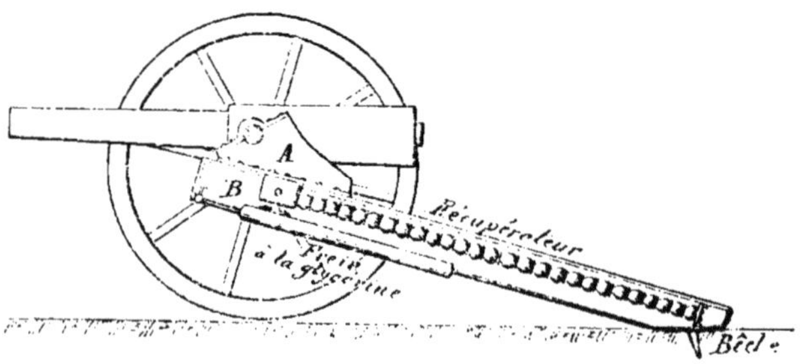

cérine et récupérateur à ressorts de caoutchouc, même vitesse de tir que le canon japonais.

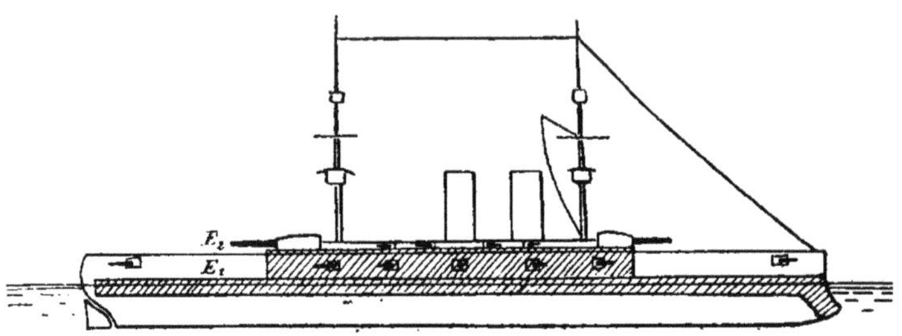

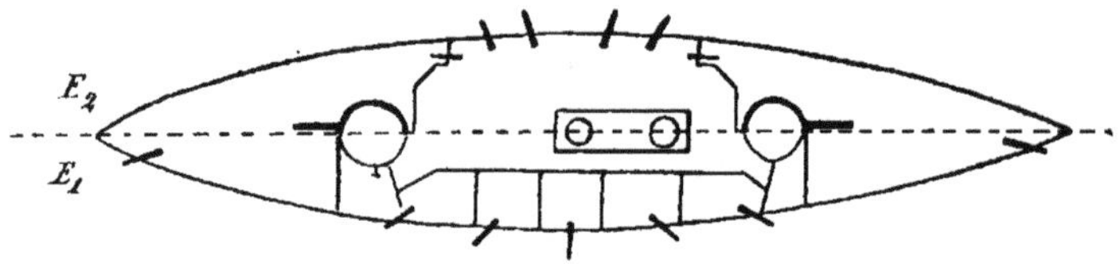

D

E

F

G

H

I et J

K

L

N

R

S

T

U

V

W

X, Y

INDICATIONS BIBLIOGRAPHIQUES

a) **Etudes générales sur le Japon, son armée, sa flotte, et sur celles de la Russie.**

Voyages

J. Dhasp. Le Japon contemporain. Paris, 1893, Quantin.

A. B. de Guerville. Au Japon. Paris, 1904, Lemerre.

Léo Byram. Pet Jap deviendra grand. Paris, 1908, Berger-Levrault.

Armée et flotte Japonaises

Revue militaire des armées étrangères. — Armée et flotte Japonaise (avant la guerre) sept. 1907. — L'armée et la flotte militaire du Japon. 1904, Berger-Levrault.

Curey, capitaine d'artillerie. L'Artillerie Japonaise. 1906, Berger-Levrault.

Lebon. Les origines de l'armée Japonaise. 1898, Berger-Levrault.

Armée et flotte Russes

L'Armée et la Flotte Russe. Revue mil. des A. E. Oct. 1907.

L'Armée Russe après la campagne de 1904-1905. Revue mil. des A. E., février 1906.

Mahon. L'Armée Russe après la campagne de 1906. Chapelot.

b) **Guerre sur terre**. (Récit).

Guerre proprement dite sur terre, Armées de campagne

Lieutenant-Colonel Meunier. La Guerre Russo-Japonaise. Paris, 1906, Berger-Levrault.

Lieutenant-Colonel Bardonnaut. Du Yalou à Liaoyang. Revue Mil. Gén. 1907-1908. Berger-Levrault.

G. de la Salle. En Mandchourie. Paris 1905, A. Colin.

De la Guérie. Trois mois avec le maréchal Oyama. Paris, 1905, Hachette.

Académie Nicolas. Conférences sur la Guerre Russo-Japonaise. Paris, 1907, Lavauzelle.

Réginald Kahn. Journal d'un Correspondant de guerre en Extrême-Orient. Paris, 1905, Calmann-Lévy.

J. Matignon. A l'armée d'Oku. 1906.

Colonel Bujac. La Guerre Russo-Japonaise. Lavauzelle.

Port-Arthur

Clément de Grandprey. Le siège de Port-Arthur. Paris, 1906, Berger-Levrault.

Boulfray. Les 2 sièges de Port-Arthur, 1894-1904. Paris, Lavauzelle.

Revue Militaire des Armées Etrangères. Octobre-Décembre 1906, janvier 1907, février 1907, mars 1907, avril 1907.

c) **Enseignements** (sur terre).

Pierre Lehautcourt. Quelques enseignements de la guerre Russo-Japonaise. Paris, 1905, Chapelot.

Capitaine Soloviev. Impressions d'un chef de Compagnie. Paris, 1906, Chapelot.

Meunier. La Guerre Russo-Japonaise (cité déjà plus haut).

Revue Militaire des Armées Etrangères, février 1906, page 163. Observations sur la guerre Russo-Japonaise.

Revue Militaire des Armées Etrangères, novembre 1906. Rôle des forteresses dans la guerre moderne, d'après la conception allemande.

Conférences faites à l'académie Nicolas (Lavauzelle) déjà cité.

Du Yalou à Liaoyang, déjà cité.

Général Pédoya. La cavalerie dans la guerre Russo-Japonaise et dans l'avenir. Paris, Lavauzelle.

G. Delmas. Enseignements de la guerre Russo-Japonaise. Paris, Lavauzelle.

Loir. Etude d'un cas concret de la guerre Russo-Japonaise (Chiouchanpou, 29-30-31 août 1904). Paris, Lavauzelle.

Marès. Quelques observations sur la guerre Russo-Japoneise. Paris, Lavauzelle.

Martinov. Quelques leçons de la triste expérience de la guerre Russo-Japonaise. Paris, Lavauzelle.

Henri Carré. Les incidents de neutralité dans la guerre Russo-Japonaise en 1904. Paris, Lavauzelle.

Lœffler. Guerre Russo-Japonaise. Enseignements tactiques et stratégiques. Traduction Olivari. Paris, 1907, Lavauzelle.

G. Darrieus. Les effets vulnérants de la nouvelle artillerie. Revue de Sciences Militaires, page 234, 15 janvier 1908.

M. C. Curey. Les grenades à main et leur utilisation dans la guerre de Mandchourie (1904-1905). Paris, Berger-Levrault.

Considérations sur la guerre Russo-Japonaise. — Général Baron W. de Heusch, (dans le Journal des Sciences militaires. Chapelot.

Général Chanoine. Le Japon et les suites de la guerre Russo-Japonaise, 1907, Chapelot.

Questions d'Extrême-Orient. Chapelot, 1906.

d) **Guerre navale** (Récits et enseignements).

Klado. La marine Russe dans laguerre Russo-Japonaise Paris, 1905, Berger-Levrault.

Meunier. La guerre Russo-Japonaise (déjà cité).

Daveluy. La lutte pour l'empire de la mer. Paris, 1906, Challamel.

Des Courtis. De Port-Arthur à Tsoushima. Paris, 1907, Perrin.

G. Darrieus. La guerre sur mer (étude générale). Stratégie et tactique. Paris, 1907, Challamel.

Klado. La bataille de Tsoushima. Paris, 1905, Berger-Levrault.

Vice-amiral de Cuverville. Les leçons de la guerre. Port-Arthur. — Tsoushima. — Ce qu'il faut à la marine. Paris, 1906, Berger-Levrault.

TABLE DES MATIERES

CAMPAGNE DE 1905 SUR TERRE
MOUKDEN

GUERRE NAVALE

DERNIÈRES OPÉRATIONS SUR TERRE
FIN DE LA GUERRE

Le Combat d'après les Enseignements de la Guerre

ANNEXES

[library stamp]

TABLE DES CROQUIS, DES PLANCHES ET DES GRAVURES

I. — CROQUIS DANS LE TEXTE

II. — PLANCHES PLIÉES SOUS BANDE A LA FIN DU VOLUME

III. — GRAVURES

(Dessins à la plume de F. Plagnol et Amblard d'après *l'Illustration*)

R.F.

AUXERRE-PARIS. — IMPRIMERIE A. LANIER

www.ingramcontent.com/pod-product-compliance
Ingram Content Group UK Ltd.
Pitfield, Milton Keynes, MK11 3LW, UK
UKHW021134260726
13994UKWH00001B/134